Großer Fotopreis der Schweiz
Typisch schweizerisch
Ein Querschnitt

Grand Prix Suisse de la Photographie
Typiquement suisse
Un choix de photos

Gran Premio Svizzero della Fotografia
Tipicamente svizzero
Una panoramica

Orell Füssli Verlag Zürich

Umschlagbild: Festtag in Appenzell
Robert Scherrer, 1952, B, St. Gallen,
Engere Wahl der Jury

Couverture: Jour de fête à Appenzell
Robert Scherrer, 1952, B, St-Gall,
Mention du jury

In copertina: Giorno di festa ad Appenzello. Robert Scherrer, 1952, B, S. Gallo, Segnalato dalla giuria

Gesamtleitung: Dr. K. Völk, Direktor der Schweizerischen Bankgesellschaft, Zürich
Redaktion: Hans Glarner, Zürich
Übersetzungen: Redaktioneller Übersetzungsdienst der SBG
Gestaltung: Dieter Blumer, Zürich

Copyright der prämiierten Arbeiten bei der Schweizerischen Bankgesellschaft. Recht zur Erstveröffentlichung der nicht prämiierten Arbeiten bei der SBG, für Veröffentlichungen außerhalb des Wettbewerbes bei den Autoren

© 1976 Orell Füssli Verlag Zürich
Printed in Switzerland
Photolithos, Druck und Einband: Orell Füssli Graphische Betriebe AG Zürich
ISBN 3 280 00863 8

Inhalt		Sommaire		Sommario	
Zum Wettbewerb	8	A propos du concours	8	Il concorso	8
Das Land	11	Le pays	11	Il paese	11
Die Menschen	67	Les gens	67	La gente	67
Aus Freizeit und Arbeit	105	Loisirs et travail	105	Tempo libero e lavoro	105
Ehrenpatronat und Jury	162	Comité d'honneur et jury	162	Patronato onorario e giuria	162
Register	163	Index	163	Indice	163
Preisträger	164	Lauréats	164	I vincitori	164
Förderungspreise	176	Prix d'encouragement	176	Premi d'incoraggiamento	176
Engere Wahl der Jury	177	Mentions du jury	177	Segnalati dalla giuria	177
Technische Angaben	179	Données techniques	179	Dati tecnici	179

Legende:

A: Kategorie Berufsfotografen
B: Kategorie Amateure
K: Kamera
F: Brennweite
M: Filmmaterial

* Engere Wahl der Jury
** Förderungspreis
*** Bronzene Linse
**** Silberne Linse
***** Goldene Linse

Nächste Doppelseite: Bundesfeier am 1. August 1975 im Garten des Schweizer Konsulates in Washington D.C.
Gottfried Kappelmeier, 1933, B, Newport News, Virginia, USA

Légende:

A: Professionnels
B: Amateurs
K: Appareil
F: Distance focale
M: Film

* Mention du jury
** Prix d'encouragement
*** Lentille de bronze
**** Lentille d'argent
***** Lentille d'or

Aux deux pages suivantes: Fête nationale du 1er août 1975 dans le jardin du Consulat de Suisse à Washington, D.C.
Gottfried Kappelmeier, 1933, B, Newport News, Virginia, USA

Leggenda:

A: Professionista
B: Amatore
K: Apparecchio
F: Distanza focale
M: Pellicola

* Segnalato dalla giuria
** Premio d'incoraggiamento
*** Lente di bronzo
**** Lente d'argento
***** Lente d'oro

Pagina doppia seguente: Festa nazionale del 1° agosto 1975 nel giardino del Consolato di Svizzera a Washington D.C.
Gottfried Kappelmeier, 1933, B, Newport News, Virginia, USA

Zum Wettbewerb

A propos du concours

Il concorso

Zu Beginn des Jahres 1975 schrieb die Schweizerische Bankgesellschaft den zweiten «Großen Fotopreis der Schweiz» aus. Als Beitrag zur Kulturförderung auf dem Gebiete der Fotografie stiftete sie Preise im Gesamtbetrag von Fr. 89 000.–. Das Thema des Wettbewerbs lautete «Typisch schweizerisch». Jeder Teilnehmer hatte drei bis sechs Fotografien einzureichen. Die Bilder sollten für das Land, das Volk, den Staat oder die Kultur der Schweiz charakteristisch sein. Bis zum Einsendeschluß vom 31. Dezember 1975 trafen bei der Geschäftsstelle 6808 Fotografien von 1352 Teilnehmern ein. Unter den Einsendern befanden sich 196 Berufsfotografen und 1156 Amateure. 1033 Einsender stammten aus der Schweiz und 319 aus folgenden 27 Ländern: Arabien, Argentinien, Australien, Belgien, BRD, CSSR, Dänemark, England, Frankreich, Holland, Italien, Jugoslawien, Kanada, Kolumbien, Liechtenstein, Nigeria, Norwegen, Österreich, Polen, Portugal, Schottland, Schweden, Spanien, Türkei, UdSSR, Ungarn und USA.

45% der Bilder waren Schwarzweißaufnahmen und 55% Farbfotos. Aus diesem Bildmaterial trafen die Mitglieder der Jury einzeln und unabhängig voneinander ihre Vorauswahl. In die engere Wahl der Jury gelangten 769 Bilder von 64 Berufs- und 83 Amateurfotografen, deren Wettbewerbsarbeit die Stimmen von mindestens zwei Mitgliedern der Jury erhalten hatte. Am Tage der Gesamtjurierung bewerteten die Juroren gemeinsam die aus der Vorselektion hervorgegangenen Arbeiten nach Punkten. Beurteilt wurde die fotografische Qualität der ganzen Arbeit jedes Teilnehmers.

Mit diesem Vorgehen schloß die Jury die Verleihung eines Preises für ein Zu-

Au début de 1975, l'Union de Banques Suisses lançait son deuxième «Grand Prix Suisse de la Photographie» sous le thème de «Typiquement suisse». Elle le dotait de prix pour un montant total de 89 000 francs. Chaque participant devait remettre de trois à six photographies illustrant des aspects typiques de la Suisse en ce qui concerne le pays, le peuple, l'Etat ou la culture. Au 31 décembre 1975, date limite du concours, nous avions reçu 6808 photographies de 1352 participants. Parmi ceux-ci, 196 étaient des photographes professionnels et 1156 des amateurs; 1033 envois provenaient de Suisse et 319 des 27 pays suivants:

Allemagne fédérale, Angleterre, Arabie, Argentine, Australie, Autriche, Belgique, Canada, Colombie, Danemark, Ecosse, Espagne, Etats-Unis, France, Hongrie, Italie, Liechtenstein, Nigeria, Norvège, Pays-Bas, Pologne, Portugal, Suède, Tchécoslovaquie, Turquie, URSS et Yougoslavie.

Les photographies en noir et blanc ont représenté 45% du total et celles en couleur 55%. Lors d'une présélection, les membres du jury ont, de façon indépendante, retenu 769 travaux de 64 photographes professionnels et de 83 amateurs. Ce premier choix comprenait les travaux auxquels au moins deux membres du jury avaient donné leur voix. Puis, en réunion plénière, le jury procéda à la sélection finale en attribuant des points. L'appréciation fut portée en fonction de la qualité photographique de l'ensemble des travaux de chaque participant afin d'éviter qu'une photo réussie comme par hasard ne soit primée. Chaque photo fut examinée ensuite sous l'angle de sa puissance évocatrice. A maintes reprises, le jury, après avoir considéré l'ensemble de l'œuvre d'une personne, n'a

Al principio del 1975, l'Unione di Banche Svizzere ha indetto il secondo «Gran Premio Svizzero della Fotografia», stanziando a titolo di premi e come contributo per la promozione dell'arte fotografica la somma di 89 000 franchi. Tema del concorso era: «Tipicamente svizzero.» Ogni partecipante doveva inviare da tre a sei fotografie, caratteristiche per il paese, la popolazione, lo Stato o la cultura. Entro il 31 dicembre 1975, ultimo termine per l'invio dei lavori, erano giunte 6808 fotografie di 1352 concorrenti, di cui 196 fotografi professionisti e 1156 fotografi amatori; 1033 lavori erano stati inviati dalla Svizzera e 319 dai 27 paesi seguenti: Arabia, Argentina, Australia, Austria, Belgio, Canada, Cecoslovacchia, Columbia, Danimarca, Francia, Germania Federale, Inghilterra, Italia, Iugoslavia, Liechtenstein, Nigeria, Norvegia, Olanda, Polonia, Portogallo, Russia, Scozia, Spagna, Stati Uniti, Svezia, Turchia e Ungheria.

Delle foto pervenute, il 45% era in bianco e nero e il 55% a colori. Il materiale arrivato è stato dapprima esaminato indipendentemente da ciascun membro della giuria per compiere una prima selezione. Sono così state scelte 769 immagini di 64 professionisti e di 83 amatori, le quali erano riuscite a ottenere il voto favorevole di almeno due membri della giuria. In seguito, tali lavori sono stati valutati congiuntamente, assegnando un punteggio, ed esprimendo un giudizio sulla qualità di tutte le foto presentate da ogni concorrente. Con questo modo di procedere si è voluto evitare di assegnare un premio a una foto riuscita per puro caso. È poi seguita la valutazione dei singoli lavori sotto l'aspetto dell'espressività riguardo al tema proposto. In diversi casi, terminato l'esame, la giuria

fallsbild aus. Dann wurde jede Arbeit im Hinblick auf die Stärke der Aussage zum Thema bewertet. In verschiedenen Fällen wählte die Jury nach der Gesamtbeurteilung nur einen Teil der Arbeit oder ein Einzelbild aus.

Schließlich wurden einstimmig zwölf Preisträger gewählt. Ihre Arbeiten sind im Register des vorliegenden Bildbandes auf den Seiten 163–175 zusammengestellt. Außerdem zeichnete die Jury weitere sieben Fotografen mit Förderungspreisen aus.

Die Auswahl für den Bildband gibt außer den prämiierten Arbeiten auch Bilder aus der engeren Wahl der Jury wieder, ergänzt durch Beispiele jener Themen, die von den Wettbewerbsteilnehmern besonders häufig behandelt worden sind. Die Auswahl ist also durch einen doppelten Filter gegangen. Schon die Thematik verlangte zunächst die Schilderung von Festgelegtem in wenigen Zügen; und aus den Arbeiten, die auf dieser Grundlage zusammengekommen waren, wählte die mehrheitlich aus Schweizern zusammengesetzte Jury das aus, was auch ihr als typisch schweizerisch erschien. Leider ermöglicht es der Umfang des Buches nicht, jeweils alle eingereichten Bilder eines Teilnehmers wiederzugeben.

Wie erwartet, ergibt die Gesamtheit der Aufnahmen einer Vielzahl von Autoren kein lückenloses und für alle gültiges Bild der schweizerischen Eigenart, denn Fotografien und Bildserien sind eben subjektiv gewählte Ausschnitte aus der Wirklichkeit, die sich höchstens zufällig zu einem die Realität abdeckenden Gesamtbild zusammenfügen.

Dem Betrachter dieses Bildbandes wird auffallen, daß offensichtlich Standort, Wohnverhältnisse und Lebensgewohnheiten der Wettbewerbs-

retenu que quelques photos, voire qu'une seule.

Finalement, douze lauréats furent désignés à l'unanimité. Leurs travaux sont reproduits aux pages 163–175 de ce recueil. En outre, des prix d'encouragement furent décernés à sept autres photographes.

A part les travaux primés, ce recueil contient des photographies ayant reçu une mention du jury, ainsi qu'un choix des sujets les plus souvent traités par les participants. Le thème même du concours exigeait en premier lieu de faire un raccourci évocateur d'une réalité figée. Le jury, constitué en majeure partie de Suisses, choisit ce qui lui paraissait, à lui aussi, typiquement suisse. Mais, dans le cadre de cet ouvrage, il ne nous fut malheureusement pas possible de reproduire la série complète des photographies envoyées par tel ou tel participant.

L'ensemble des travaux d'un certain nombre de photographes ne saurait donner une image caractéristique de la Suisse qui soit tout à la fois parfaite et valable pour chacun. Une seule photo, ou même une série de photos procèdent d'un choix subjectif et ne représentent jamais qu'un fragment de la réalité. Il faut vraiment le concours du hasard pour que de tels fragments puissent donner une image globale reflétant la réalité.

En parcourant ce recueil, il est frappant de constater que le choix des sujets semble avoir été très souvent influencé par le domicile, les conditions d'habitation et les habitudes des participants. La plupart des photographes habitent dans des agglomérations urbaines en rapide expansion. Beaucoup d'entre eux, par nostalgie peut-être, ont cherché ce qui est typiquement suisse hors de leur milieu, c'est-à-dire dans la cam-

ha deciso di considerare solo una parte del lavoro di un partecipante o addirittura una foto singola.

Infine, la giuria ha proclamato all'unanimità dodici vincitori, i cui lavori figurano nell'indice alle pagine 163–175. Ad altri sette fotografi sono stati assegnati premi di incoraggiamento.

Nell'album sono riprodotti, oltre ai lavori premiati, anche foto comprese nella prima selezione, nonché alcuni esempi di soggetti illustrati con particolare frequenza. Può dirsi che la scelta sia stata duplice. Già il tema stabilito richiedeva una descrizione concisa di argomenti ben delimitati, e dalle foto scattate osservando tale criterio, la giuria, composta prevalentemente da svizzeri, ha poi scelto ciò che anche ad essa è parso più tipicamente elvetico. Per motivi di spazio, non si sono purtroppo potute riprodurre tutte le foto inviate dai vari concorrenti.

Come c'era da attendersi, l'insieme delle fotografie di tanti autori diversi non rappresenta un quadro delle caratteristiche svizzere privo di lacune e per tutti valido. In sostanza, che si tratti di una immagine singola o di una serie di foto, ci troviamo sempre di fronte a semplici frammenti di realtà. I quali potrebbero costituire una descrizione organica della realtà elvetica soltanto per un caso fortuito.

Sfogliando il volume, si nota che sulla scelta dei soggetti hanno influito le località in cui i fotografi risiedono, le loro abitazioni, le loro condizioni di vita. Poiché la maggior parte dei partecipanti al concorso vive in agglomerati urbani in rapida espansione, molti di loro sono stati portati a cercare, talora in modo nostalgico, gli aspetti tipicamente svizzeri piuttosto nella campagna. Ciò vale pure per i partecipanti di altri paesi.

Parecchie foto del volume provano

teilnehmer in vielen Fällen die Wahl der Sujets beeinflußt haben. Da die meisten Fotografen in rasch wachsenden städtischen Agglomerationen wohnen, neigen viele von ihnen zu einer eher auf Ländliches gerichteten, oft nostalgisch anmutenden Sicht des typisch Schweizerischen. Hierin machen auch die Teilnehmer aus anderen Ländern keine Ausnahme.

Daß aber auch gut gemachte Bilder aktueller Sujets die Gnade der Jury gefunden haben, zeigen zahlreiche Beispiele im vorliegenden Band.

Wahrscheinlich haben die wenigsten Fotografen, und sicher hat die Jury nicht mit dem statistischen Jahrbuch in der Hand gearbeitet, denn als typisch wird ja nicht immer das empfunden, was am häufigsten vorkommt. Deshalb mag es für den Leser interessant sein, die am häufigsten dargestellten Themen mit einigen Angaben aus der Statistik zu vergleichen.

Für die Bildlegenden wurden die Angaben der Autoren so weit als möglich übernommen.

pagne et les montagnes. A ce sujet, les participants des autres pays n'ont guère fait exception.

Cependant, plusieurs photos publiées ici, quoique sortant du thème proposé, ont trouvé grâce devant le jury du fait de leur qualité.

Un fait paraît certain: ni les photographes ni le jury n'ont travaillé avec l'Annuaire statistique de la Suisse, car les choses ressenties comme les plus typiques ne sont pas toujours les plus courantes. Aussi une comparaison entre la statistique et les sujets revenant le plus souvent n'est-elle pas dénuée d'intérêt.

En règle générale, nous avons repris, en tout ou en partie, les légendes des auteurs.

inoltre che la giuria non è stata insensibile alle buone fotografie su soggetti d'attualità.

Certamente né i fotografi né la giuria hanno lavorato con l'annuario statistico a portata di mano. Infatti, sovente gli aspetti giudicati più caratteristici non sono quelli più frequenti. Potrebbe perciò essere interessante raffrontare i soggetti più ricorrenti con alcuni dati numerici.

Per quanto riguarda le didascalie, abbiamo ripreso in generale quelle indicate dagli autori.

Das Land

Flächenaufteilung der Schweiz	
Gesamtfläche	41 293 km²
Wiesen, Äcker, Obst- und Rebbau	28,3 %
Wälder	25,5 %
Weiden	20,6 %
Ödland, Fels, Firn, Eis	17,6 %
Überbautes Gebiet	4,1 %
Gewässer	3,7 %
Industrie- und Verkehrsanlagen	0,2 %

Zwei Drittel der Schweizer Bevölkerung leben in städtischen Agglomerationen. Das überbaute Gebiet beansprucht jedoch weniger als 5 % der Landesoberfläche. Die Gletscher nehmen fast gleich viel Raum ein wie die überbauten Flächen. Es ist deshalb verständlich, daß die Fotografen vorwiegend ländliche Gebiete und Siedlungsformen sowie Ödland als typisch schweizerisch zeigen. Bevölkerungszuwachs, Industrialisierung und Automobilismus haben seit Beginn des 20. Jahrhunderts zu einer allgemeinen Zersiedelung geführt. Das Verschwinden der regional typischen Weiler, Hofsiedlungen, Dörfer und Häuser beschäftigt viele Fotografen.

Höhenlagen der Schweiz	
Höchster Punkt: Dufourspitze	4634 m
Tiefster Punkt: Langenseespiegel	193 m
Höchstes Dorf: Juf, Graubünden	2126 m
Tiefstes Dorf: Ascona, Tessin	196 m
Mittlere Höhe der Alpen	1700 m
Mittlere Höhe des Juras	750 m

Die Hälfte des schweizerischen Territoriums liegt mehr als 1000 Meter über Meer. Zurecht zeigen also viele Fotografen die Schweiz vor allem als Gebirgsland.

Le pays

Géographie physique	
Superficie totale	41 293 km²
Prairies, champs, vergers, vignes	28,3 %
Forêts	25,5 %
Pâturages	20,6 %
Terres non cultivables, montagnes, glaciers	17,6 %
Zones bâties	4,1 %
Lacs et cours d'eau	3,7 %
Equipements industriels et voies de communication	0,2 %

Les deux tiers de la population suisse vivent dans des agglomérations urbaines. Les zones bâties ne représentent toutefois qu'un peu plus de 4 % de la superficie totale, soit à peine plus que la surface occupée par les glaciers. Il est compréhensible, par conséquent, que les photographes aient surtout été attirés par des contrées et des cités rurales, ainsi que par les régions montagneuses. L'accroissement de la population, l'industrialisation et la motorisation ont conduit, depuis le début du XXe siècle, à un exode rural général. La disparition de hameaux typiques, de fermes et de villages semble avoir fortement préoccupé les photographes.

Quelques altitudes	
Point le plus élevé: Pointe Dufour	4634 m
Point le plus bas: Lac Majeur	193 m
Village le plus élevé: Juf, Grisons	2126 m
Village le plus bas: Ascona, Tessin	196 m
Altitude moyenne des Alpes	1700 m
Altitude moyenne du Jura	750 m

La moitié du territoire de la Suisse est située à plus de 1000 m d'altitude. Ainsi, bien des photographes considèrent la Suisse, et cela à juste titre, comme un pays de montagnes.

Il paese

Suddivisione territoriale	
Superficie totale	41 293 km²
Prati, campi, frutteti e vigneti	28,3 %
Boschi	25,5 %
Pascoli	20,6 %
Terreni non coltivabili, roccia, neve e ghiaccio	17,6 %
Area edificata	4,1 %
Acque interne	3,7 %
Impianti industriali e vie di comunicazione	0,2 %

Due terzi della popolazione svizzera vive in agglomerati urbani. L'area edificata corrisponde tuttavia a meno del 5 % della superficie del paese e quasi lo stesso spazio occupano i ghiacciai. È perciò comprensibile che i fotografi abbiano giudicato tipiche soprattutto zone e forme d'insediamento rurali, nonché terreni non coltivabili. Dal principio del secolo, l'incremento demografico, l'industrializzazione e la motorizzazione hanno provocato un generale dilagare dell'urbanizzazione. La scomparsa di centri abitati caratteristici della campagna, come i casali, le fattorie e i villaggi, ha colpito non pochi fotografi.

Altezze sul livello del mare	
Punto più alto: cima del Monte Rosa	4634 m
Punto più basso: Lago Maggiore	193 m
Villaggio più alto: Juf, Grigioni	2126 m
Villaggio più basso: Ascona, Ticino	196 m
Altezza media delle Alpi	1700 m
Altezza media del Giura	750 m

La metà del territorio si trova sopra i 1000 metri. Molti fotografi hanno perciò sottolineato giustamente gli aspetti della Svizzera come paese di montagna.

Klima im Jahresmittel	
Sonnenscheindauer Lugano	3130 h
Sonnenscheindauer Luzern	1364 h
Niederschläge Mönchsjoch	4000 mm
Niederschläge Wallis	550 mm
Temperatur Südtessin	11 °C
Temperatur Jungfraujoch	−8 °C

Climat en moyenne annuelle	
Insolation à Lugano	3130 h
Insolation à Lucerne	1364 h
Précipitations au Mönchsjoch	4000 mm
Précipitations au Valais	550 mm
Température au sud du Tessin	11 °C
Température au Jungfraujoch	−8 °C

Medie annuali del clima	
Sole a Lugano	3130 h
Sole a Lucerna	1364 h
Precipitazioni sul Mönchsjoch	4000 mm
Precipitazioni nel Vallese	550 mm
Temperatura nel Ticino del sud	11 °C
Temperatura sullo Jungfraujoch	−8 °C

Das Klima in der Schweiz ist feuchtgemäßigt. In den Bildern des Wettbewerbes kommen die ausgeprägte Unterschiedlichkeit und die Unbeständigkeit der Witterung häufig als typisch schweizerisch zum Ausdruck.

Natürliche Gegebenheiten und die zunehmende Nachfrage nach Fleisch, Milch und Milchprodukten ließen eine hochentwickelte Viehwirtschaft mit 2 136 000 Schweinen, 1 911 000 Stück Rindvieh und 336 000 Schafen aufkommen. Viele Fotografen schildern denn auch die schweizerische Viehwirtschaft und das wichtigste landwirtschaftliche Exportgut, den Schweizer Käse, als typisch schweizerisch.

Le climat de la Suisse est modérément humide. Aussi, bien des photos représentent-elles souvent les fortes variations et l'instabilité du temps.

La configuration du pays, ainsi que la demande croissante de produits carnés, de lait et de produits laitiers ont favorisé le développement d'un important cheptel: 2 136 000 porcs, 1 911 000 bovins et 336 000 moutons. Donc, pour beaucoup de photographes, l'élevage et le produit agricole le plus exporté, à savoir le fromage, sont typiquement suisses.

In Svizzera il clima è temperato e umido. Nelle foto trovano espressione soprattutto due sue caratteristiche: la grande varietà e l'instabilità.

Fattori ambientali e la crescente richiesta di carne, latte e latticini hanno favorito lo sviluppo dell'attività d'allevamento. Oggi si contano nel nostro paese 2 136 000 suini, 1 911 000 bovini e 336 000 ovini. Parecchi fotografi hanno infatti rivolto la loro attenzione a questa particolare attività e alla produzione del formaggio, principale bene agricolo d'esportazione.

Blick vom Glärnischgletscher gegen den Mürtschenstock, die Churfirsten und den Säntis

Vue du Glacier du Glärnisch sur le Mürtschenstock, les Churfirsten et le Säntis

Vista dal ghiacciaio di Glärnisch con il Mürtschenstock, i Churfirsten e il Säntis

* KARL KASPER, 1913, B, BADEN

* MARKUS LIECHTI, 1947, A, LIEBEFELD

Links: Im ewigen Schnee am Rauflihorn im April

A gauche: les neiges du Rauflihorn

A sinistra: Nelle nevi del Rauflihorn, in aprile

JOSEF KYVALA, 1944, B, OLOMOUC, CSSR

«Mensch und Berg»

L'homme et la montagne

L'uomo e la montagna

Geheimnisumwitterte, selten fotografierte Erscheinung im Glärnischgebiet: Die untergehende Sonne wirft den Schatten des Fotografen auf eine Nebelwand

Curieux phénomène de la nature dans la région du Glärnisch: le soleil couchant projette l'ombre du photographe contre un rideau de brouillard

Effetto curioso e raramente fotografato nella zona del Glärnisch: il sole sta tramontando e proietta l'ombra del fotografo su una fitta parete di nebbia

FELIX GUGOLZ, 1947, B, STARRKIRCH-WIL

Bergheimat auf dem Urnerboden   Paysage typique de l'Urnerboden, Uri   Paesaggio dell'Urnerboden, Uri

MATTHIJS TUURENHOUT, 1949, A, RIJSWIJK, NL

MATTHIJS TUURENHOUT, 1949, A, RIJSWIJK, NL

Links: Im Schächental am Klausenpaß, Kanton Uri

A gauche: dans le Schächental, au col du Klausen, Uri

A sinistra: Nello Schächental, passo del Klausen, Uri

MATTHIJS TUURENHOUT, 1949, A, RIJSWIJK, NL

Morgennebel bei Sarnen, Kanton Obwalden

Brouillard matinal près de Sarnen, Obwald

Nebbia mattutina presso Sarnen, Obvaldo

Rechts: Ein Hirte, der 40 Jahre auf der Alp gelebt hat

A droite: berger ayant déjà vécu 40 ans à l'alpage

A destra: Un pastore che ha passato 40 anni sull'alpe

Bauer in der Appenzeller Landschaft

Paysan du pays d'Appenzell

Contadino nel paesaggio dell'Appenzello

* MARCEL IMSAND, 1929, A, LAUSANNE

* MARCEL IMSAND, 1929, A, LAUSANNE

* HERBERT MAEDER, 1930, A, REHETOBEL

Links: Die Frau des letzten Appenzeller Seidenwebers bringt die fertige Seide nach Thal in die Fabrik

A gauche: la femme du dernier tisseur de soie de l'Appenzell apportant la soie terminée à la fabrique de Thal

A sinistra: La moglie dell'ultimo tessitore di seta dell'Appenzello porta la stoffa a Thal, nella fabbrica

Schneesturm in Parsonz und in Salouf, Kanton Graubünden

L'hiver à Parsonz et à Salouf, Grisons

Bufera di neve a Parsonz e a Salouf, Grigioni

PIERRE W. HENRY, 1948, A, NEUCHÂTEL

Obstgarten im Winter bei Hersch-mettlen, Kanton Zürich

Verger en hiver près de Hersch-mettlen, Zurich

Frutteto in inverno presso Hersch-mettlen, Zurigo

* CARLOS MATTER, 1951, A, GRÜNINGEN

Rechts: Landschaft bei Habkern, Kanton Bern

A droite: paysage hivernal près de Habkern, Berne

A destra: Paesaggio presso Habkern, Berna

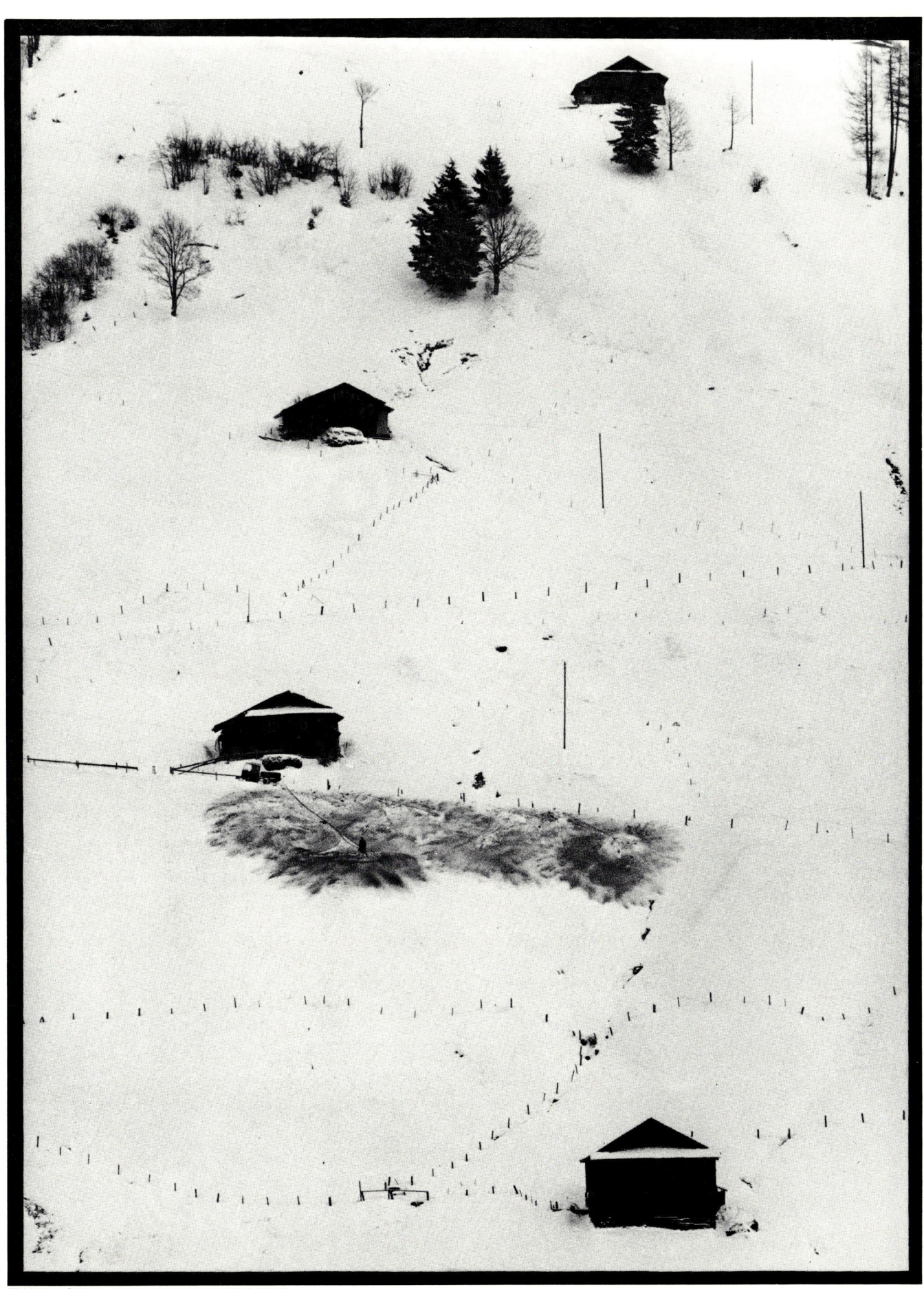

HANS HOERR, 1942, B, MANNHEIM, BRD

Südliche Vegetation im Schnee bei Caslano, Kanton Tessin

Culture sous la neige près de Caslano, Tessin

Coltivazioni sotto la neve presso Caslano, Ticino

* ROSMARIE WILDEN, 1935, B, FRANKFURT, BRD

Rechts: Spätherbst im Greyerzerland

A droite: arrière-automne en Gruyère

A destra: Autunno in Gruviera

* MICHEL BESSON, 1932, B, LE LIGNON

* JEAN-PIERRE VORLET, 1940, B, LAUSANNE

Links: Rebberge im Schnee bei Bossière, Kanton Waadt

A gauche: vignes enneigées près de Bossière, Vaud

A sinistra: Vigneti nella neve presso Bossière, Vaud

* FIDES SCHULER, 1949, A, NEUNKIRCH

Bauernhof bei Innerthal, Kanton Schwyz

Ferme près d'Innerthal, Schwyz

Fattoria presso Innerthal, Svitto

Landschaft im Wandel der Jahreszeiten bei Möschberg im Emmental

Paysage près de Möschberg, dans l'Emmental, à diverses époques de l'année

Paesaggio presso Möschberg, nell'Emmental, nel mutare delle stagioni

* WALTER STUDER, 1918, A, BERN

Eingezäunte Weide bei Gams, Kanton St. Gallen   Pacage près de Gams, St-Gall   Pascolo cintato presso Gams, S. Gallo

KEES VAN DEN BERG, 1930, B, EEMNES, NL

* KARL BREINLINGER, 1921, B, DERENDINGEN

Föhnsturm über den Fiescher Hörnern, aufgenommen bei Grindelwald, Kanton Bern

Tempête de föhn sur les Fiescher Hörner, vue de Grindelwald, Berne

Tempesta di foehn sui Fiescher Hörner, ripresa da Grindelwald, Berna

KARL BAUMANN, 1919, B, AARAU

Herbstnebel über der Belchenfluh

Brouillard automnal sur la Belchenfluh

Nebbia autunnale sul Belchenfluh

PETER RODUNER, 1954, B, AU

Alpenwiesen im Abendlicht bei Savognin, Kanton Graubünden

Pâturages alpestres au soleil couchant près de Savognin, Grisons

Prati alpini all'imbrunire presso Savognin, Grigioni

Blick auf einen Weiler unterhalb Visperterminen, Kanton Wallis

Paisible hameau en aval de Visperterminen, Valais

Vista su un casale sotto Visperterminen, Vallese

* HUGO MODDERMAN, 1951, B, DUBAI, EMIRATS ARABES UNIS

Schafherde in der Berglandschaft   Troupeau de moutons à l'alpage   Gregge di pecore in paesaggio alpino

RÜDIGER WISCHENBART, 1956, B, GRAZ, A

Rechts: Wanderschäferei im Winter, aufgenommen bei Niederbipp

A droite: transhumance près de Niederbipp

A destra: Migrazione invernale presso Niederbipp

**** KARL SCHILL, 1927, B, BINNINGEN

Wolken über den Obersimmentaler Bergen spiegeln sich im Fluhsee

Jeux de nuages au Fluhsee dans l'Obersimmental, Berne

Nubi sulle montagne dell'Obersimmental si riflettono nel lago di Fluh

ERNST ZBÄREN, 1941, A, ST. STEPHAN

Alpkäser im Justistal, Kanton Bern   Fromager du Justistal, Berne   Formaggiaio alpino nel Justistal, Berna

* RENÉ WEBER, 1947, A, WINDISCH

Herstellung des Schabziegers, eines Kräuterkäses, auf der Alp Brüggler, Kanton Glarus

Du lait au schabzieger – fromage aux herbes – sur l'Alpe Brüggler, Glaris

Produzione dello «Schabzieger», un formaggio alle erbe, sull'alpe di Brüggler, Glarona

** OTTO ZBINDEN, 1932, B, SOLOTHURN

Im Lötschental, Kanton Wallis

Au Lötschental, Valais

Nel Lötschental, Vallese

HANS SAHLI, 1942, B, BERN

* FIDEL DEPLAZES, 1930, B, MARSENS

Herstellung des Greyerzerkäses auf einer Alp im Moléson-Gebiet, Kanton Freiburg

Fabrication du gruyère sur un alpage du Moléson, Fribourg

Produzione del gruviera su un'alpe nella zona del Moléson, Friborgo

Im September steigen die Bauern des Justistales im Berner Oberland auf die Alp zur Käseverteilung

En septembre, les paysans du Justistal, Oberland bernois, montent à l'alpage pour se répartir la production de fromage

In settembre, i contadini del Justistal nell'Oberland Bernese salgono sull'alpe per la ripartizione del formaggio

**** HEINRICH GOHL, 1926, A, BASEL

Viehmarkt in Lauenen, Kanton Bern   Marché aux bestiaux à Lauenen, Berne   Fiera di bovini a Lauenen, Berna

***** SIEGFRIED KUHN, 1931, A, LYSS

***** SIEGFRIED KUHN, 1931, A, LYSS

Alp im Pays d'Enhaut   Alpe au Pays d'Enhaut   Alpe nel Pays d'Enhaut

* SIMONE OPPLIGER, 1947, A, PENTHALAZ

Bauernpaar bei Allmendingen, Kanton Bern   Fermiers d'Allmendingen, Berne   Coppia di contadini presso Allmendingen, Berna

* TOBIAS BOTTLÄNDER, 1957, B, ODENTHAL, BRD

Emmentaler Haus zu verschiedenen Zeiten

Domaine de l'Emmental à diverses époques de l'année

Casa dell'Emmental in diverse stagioni dell'anno

** RUDOLF FELDER, 1951, B, MURI-BERN

** RUDOLF FELDER, 1951, B, MURI-BERN

zone der schweizerischen Voralpen

Cultures dans les Préalpes suisses

Coltivazioni su piccoli appezzamenti nelle prealpi svizzere

* OSCAR BURCKHARD, 1915, B, ZÜRICH

* NICOLAS FAURE, 1949, B, CHOULEX-GENF

*ROBERT BAILLY, 1937, B, AUBERGENVILLE, F

Links: Fassade eines Bündner Hauses in Davos

A gauche: façade d'une maison grisonne à Davos

A sinistra: Facciata di casa grigionese a Davos

**** MARCO GROSSENBACHER, 1949, B, BERN

Training eines Fahnenschwingers in Toffen, Kanton Bern

Tous les endroits sont bons pour s'exercer au lancer du drapeau, Toffen, Berne

A Toffen, Berna, si sta esercitando un lanciatore di bandiere

Wohnhaus in Kippel, Kanton Wallis   Vieille demeure à Kippel, Valais   Casa d'abitazione a Kippel, Vallese

*JACQUES PEROTIN, 1938, B, PANTIN, F

Rechts: Typischer Walliser Stadel bei Blatten-Zermatt, Kanton Wallis   A droite: mazot à Blatten près de Zermatt, Valais   A destra: Tipico «stadel» presso Blatten-Zermatt, Vallese

MAX FEHLMANN, 1913, B, BERN

Rheinfall, Zermatt, Chillon und
Schwägalp in Antipostkarten

Contraste entre deux époques:
Chutes du Rhin, Zermatt,
Chillon et Schwägalp

Cascata del Reno, Zermatt, Chillon e
Schwägalp su contro-cartoline
illustrate

** OTMAR SCHMID, 1945, A, ZÜRICH

Die Alpenflora ist besonders reich und steht teilweise unter Naturschutz: Rapunzel bei Zernez, Feuerlilie bei Pontresina, Edelweiß im Nationalpark, Alpenglöckchen bei Zermatt, Alpenakelei im Val dal Fain und Wintergrün bei Zernez

La flore alpine, très riche et variée, doit cependant être protégée: Raiponce à feuille de bétoine, Zernez; Lis orangé, Pontresina; Etoile des Alpes, parc national; Soldanelle, Zermatt; Ancolie des Alpes, Val dal Fain; Pirole à une fleur, Zernez

La flora alpina è particolarmente ricca e sottoposta, in parte, a protezione: raperonzolo (Zernez), giglio selvatico (Pontresina), stella alpina (Parco Nazionale), soldanella alpina (Zermatt), aquilegia alpina (Val dal Fain), pervinca (Zernez)

DESMOND PARISH, 1909, B, DORSET, GB

55

CLAUDE FORNALLAZ, 1953, B, DIETLIKON

Links: Schlafzimmer bei Zürich   A gauche: chambre à coucher à Zurich   A sinistra: Camera da letto a Zurigo

Wohnsiedlung bei Greifensee, Kanton Zürich

Colonie d'habitation, Greifensee, Zurich

Centro residenziale presso Greifensee, Zurigo

*THEO STALDER, 1955, A, KLOTEN

Häuser in Trogen, Kanton Appenzell Außerrhoden

Demeures appenzelloises typiques, Trogen, Appenzell Rhodes-Extérieures

Case a Trogen, Appenzello Esterno

RUDOLF SEEWALD, 1916, B, DORNBIRN, A

57

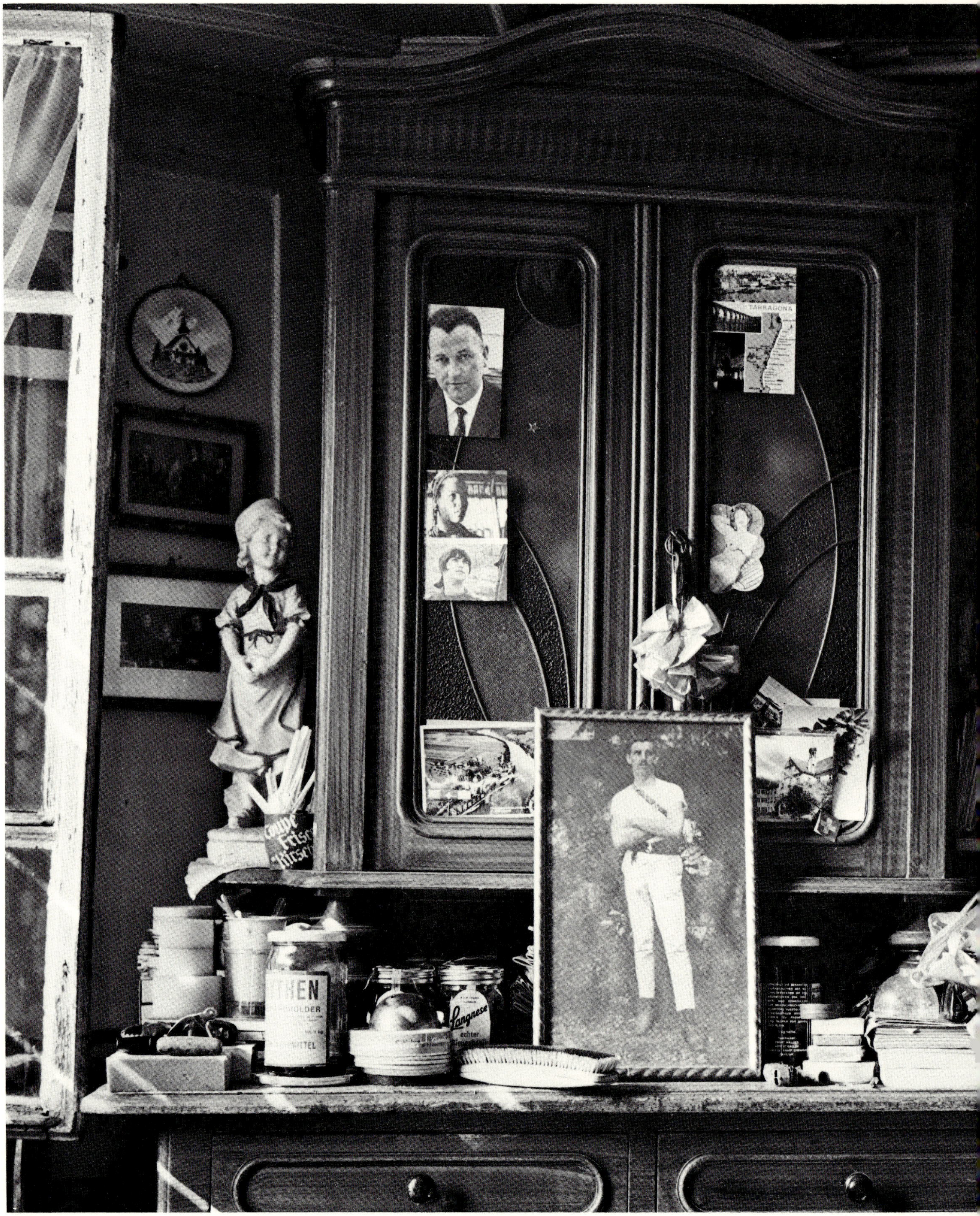
TARRAGONA
YTHEN
Langnese

Buffet in der Kleinstadt Frauenfeld, Kanton Thurgau

Détail d'un intérieur, Frauenfeld, Thurgovie

Credenza nella cittadina di Frauenfeld, Turgovia

* FRIEDRICH KAPPELER, 1949, A, FRAUENFELD

Abbruch historischer Bausubstanz bei
Alchenflüh, Kanton Bern

Destruction du patrimoine,
Alchenflüh, Berne

Demolizione di architetture storiche
presso Alchenflüh, Berna

LEONARDO BEZZOLA, 1929, A, BÄTTERKINDEN

Blick aus dem Auto bei Cham,
Kanton Zug

A Cham, Zoug

Sguardo dalla macchina presso Cham,
Zugo

ADELINE ZÜRCHER, 1956, B, CHAM

Plakatwand vor einer Baugrube in Zürich

Affiches sur la palissade d'un chantier à Zurich

Parete di manifesti davanti a un cantiere a Zurigo

JOSEF STUECKER, 1950, A, ZÜRICH

* HEINZ BAUMANN, 1935, A, ZÜRICH

Links: Das frühere Bauerndorf Affoltern bei Zürich wird von Wohnblöcken verdrängt

A gauche: le béton envahissant, Affoltern, Zurich

A sinistra: Nel villaggio contadino di Affoltern presso Zurigo sono sorte grandi case di appartamenti

Die Kirche von Regensdorf war früher das Dorfzentrum

Ce clocher dominait autrefois le village, Regensdorf, Zurich

Una volta a Regensdorf il centro del villaggio era la chiesa

* HEINZ BAUMANN, 1935, A, ZÜRICH

Haus im Münstertal, Kanton Graubünden

Ancienne maison au Münstertal, Grisons

Antico casolare nel Münstertal, Grigioni

* NICOLAS MONKEWITZ, 1948, A, ZÜRICH

Stall im Wallis   Vieille étable en Valais   Stalla nel Vallese

GERY WOLF, 1949, A, GRAZ, A

65

Die Menschen   Les gens   La gente

Bevölkerung der Schweiz	
Mittlere Wohnbevölkerung 1975	6 403 000
Männlich	3 152 000
Weiblich	3 251 000
Schweizer	5 303 000
Ausländer	1 100 000
Schweizer im Ausland	300 000
Mittleres Alter in Jahren	34,2

Population	
Population résidente moyenne 1975	6 403 000
Hommes	3 152 000
Femmes	3 251 000
Suisses	5 303 000
Etrangers	1 100 000
Suisses à l'étranger	300 000
Age moyen	34,2

Popolazione	
Residenti, in media, nel 1975	6 403 000
Uomini	3 152 000
Donne	3 251 000
Svizzeri	5 303 000
Stranieri	1 100 000
Svizzeri all'estero	300 000
Età media	34,2

Nach den Bildern der Fotografen sind die typischen Schweizer eher älter als der statistische Durchschnitt. Ebenfalls im Gegensatz zur Statistik wohnen die typischen Schweizer, wie sie die Fotografen zeigen, eher auf dem Land als in den städtischen Agglomerationen. Die eingereichten Portraits zeigen vorwiegend ernste, skeptische und verschlossene Menschen. Das friedliche Nebeneinander mehrerer Konfessionen und verschiedener Sprachgruppen – es sprechen 65% der Bevölkerung deutsch, 18% französisch, 12% italienisch, 1% rätoromanisch und 4% andere Sprachen – kommt in den Bildern kaum zum Ausdruck. Hingegen zeigen die Fotografen in mehreren Fällen den hohen Bevölkerungsanteil der Ausländer als typisch schweizerisch. Unter den Erwerbstätigen machen die Ausländer in der Tat fast einen Viertel aus.

Die in vielen Bildern festgehaltene strenge Abgrenzung der Privatsphäre des Schweizers wird als Grund für die immer wieder durchscheinende Vereinsamung vieler Landesbewohner angeführt. Einzelportraits sind weitaus häufiger als Gruppenaufnahmen.

Einige Wettbewerbsbilder zeigen ein ausgeprägtes Bedürfnis der Schweizer nach Reinlichkeit ihrer persönlichen Umgebung. Auch die wichtige Rolle, die das Geld im Leben der Schweizerbevölkerung spielt, wird verschiedentlich als typisch schweizerisch dargestellt.

D'après les photographies, l'âge des Suisses typiques dépasse plutôt la moyenne statistique. Contrairement à la statistique, les Suisses typiques, aux yeux des photographes, vivent plutôt à la campagne que dans les agglomérations urbaines. Les portraits montrent avant tout des visages sérieux, sceptiques et renfermés. La bonne entente existant entre les diverses confessions et les divers groupes linguistiques – 65% de la population parlent l'allemand, 18% le français, 12% l'italien, 1% le romanche et 4% d'autres langues – n'est guère exprimée par les photographies. En revanche, la forte proportion de population étrangère semble souvent avoir été considérée comme étant l'un des traits caractéristiques de notre pays. Il est vrai qu'en Suisse, les travailleurs immigrés représentent presque le quart de la population active.

La délimitation stricte de la sphère privée, exprimée par un grand nombre de photographies, expliquerait la solitude qui semble frapper un grand nombre de personnes. Par exemple, les portraits individuels sont beaucoup plus nombreux que les photographies de groupes.

Plusieurs photographes soulignent l'importance que le Suisse attache à la propreté de son environnement immédiat. Le rôle de l'argent est aussi abondamment illustré.

A giudicare dalle foto, l'età degli svizzeri tipici è piuttosto superiore a quella media. Inoltre, contrariamente a quanto ci dicono le statistiche, in generale essi abitano non negli agglomerati urbani bensì in campagna. Le immagini mostrano in prevalenza i visi seri e talora diffidenti delle persone tendenzialmente introverse. Un aspetto assai caratteristico, ma che le foto praticamente non descrivono, è la pacifica convivenza di gruppi religiosi e linguistici diversi. La popolazione parla per il 65% il tedesco, il 18% il francese, il 12% l'italiano, l'1% il romancio e il 4% altre lingue. Invece dalle foto si può rilevare più volte il fenomeno tipicamente svizzero dell'elevata quota di stranieri, la quale, tra la popolazione attiva, raggiunge quasi un quarto.

Molte immagini illustrano la cura con cui lo svizzero protegge la sua sfera privata. È questo un motivo che spesso viene addotto per spiegare la solitudine che sembra contraddistinguere la vita di molti connazionali. Tra i lavori inoltrati prevalgono infatti di gran lunga i ritratti di individui singoli su quelli di gruppi di persone.

Alcune fotografie mostrano poi il ben noto bisogno degli svizzeri di vivere in un ambiente curato e pulito, nonché il particolare ruolo che per essi ha il denaro.

Gelernter Schreiner, Scherenschnittkünstler und Bergführer von Turbach, Kanton Bern, mit seiner Frau im selber gebauten Chalet

Menuisier, découpeur de papier et guide de montagne de Turbach, Berne, avec sa famille dans le chalet qu'il a construit lui-même

Falegname, artista dello «Scherenschnitt» e guida alpina, con la moglie nello chalet da lui stesso costruito. Turbach, Berna

* MONIQUE JACOT, 1934, A, EPESSES

Beim Mähen in Frutigen, Bern

Faucheur de Frutigen, Berne

Falciatore a Frutigen, Berna

HANS STEINBICHLER, 1936, B, HITTENKIRCHEN, BRD

69

An einem Brunnen in Greyerz, Kanton Freiburg

A la fontaine, en Gruyère, Fribourg

A una fontana in Gruviera, Friborgo

* SERGIO JALONETSKY, 1949, B, LAUSANNE

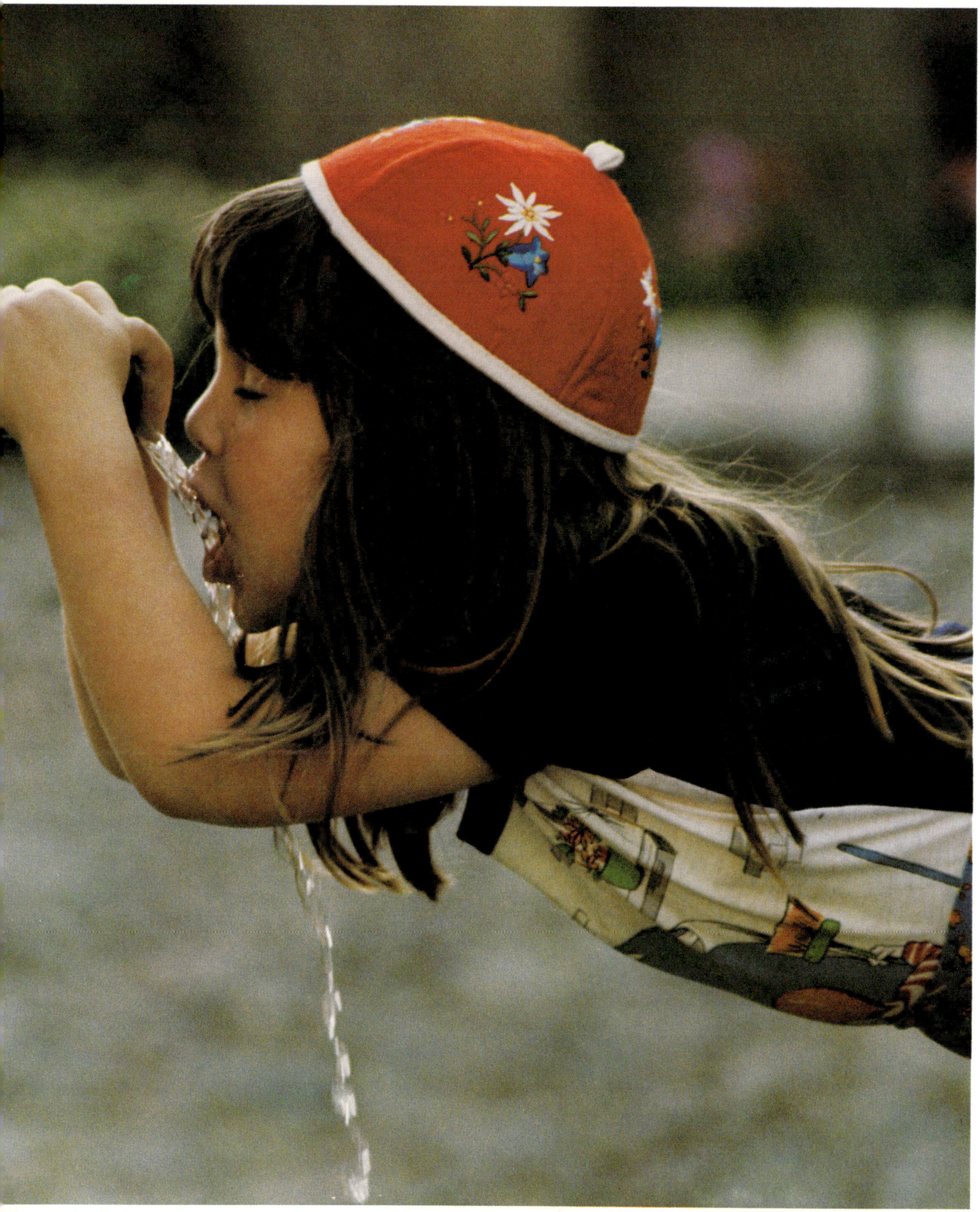

Alltagsgesichter in Zürich: Geschäftsmann

A la gare de Zurich: homme d'affaires

Visi quotidiani a Zurigo: uomo d'affari

IREN STEHLI, 1953, B, KILCHBERG

Alltagsgesichter in Zürich: Hotelangestellter

A la gare de Zurich: portier d'hôtel

Visi quotidiani a Zurigo: impiegato d'albergo

IREN STEHLI, 1953, B, KILCHBERG

Schrebergärtner: «Jeder für sich allein», «Eigener Herr und Meister, auch wenn das Eigene nur aus 20 m² besteht»

Jardiniers amateurs: «chacun pour soi» ou «charbonnier est maître chez lui, même si sa propriété n'a que 20 m²»

Giardinieri amatori: «Non voglio grane e me ne sto per conto mio», «Il mio orto sarà piccolo, ma il padrone sono io»

** PIO CORRADI, 1940, A, ZÜRICH

** PIO CORRADI, 1940, A, ZÜRICH

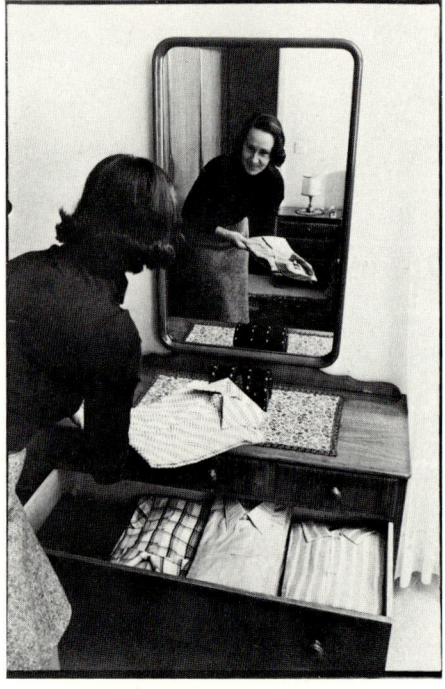

Arbeitstag einer Hausfrau in der Deutschschweiz

Le ménage quotidien

Giornata di lavoro di una casalinga

* RUTH VÖGTLIN, 1945, A, ZÜRICH

Ein Einheimischer und zwei Oldtimer-Autofahrer an einem Dorffest im appenzellischen Waldstatt

Appenzellois s'entretenant à la fête du village avec deux conducteurs de voitures de la vieille époque

Un indigeno a colloquio, durante una festa di villaggio, con due piloti di veterane. Waldstatt, Appenzello

JOSEPH BÜHLER, 1923, B, ST. GALLEN

* PEDRO LUIS RAOTA, 1934, A, BUENOS AIRES, ARG

Links: Bäuerin in Bioggio, Tessin   A gauche: paysanne de Bioggio, Tessin   A sinistra: Contadina a Bioggio, Ticino

Bauer in seiner Alltagsumgebung bei Appenzell

Paysan de l'Appenzell

Contadino nel paesaggio dell'Appenzello

* PEDRO LUIS RAOTA, 1934, A, BUENOS AIRES, ARG

79

* SUSAN BARON ENGEL-SAAG, 1949, B, AEGERTEN

Links: Drei Freunde auf der Alp   A gauche: trois vieux amis sur l'alpe   A sinistra: Tre amici sull'alpe

Junger Schweizer Bauer

Jeune paysan suisse

Giovane contadino svizzero

* SUSAN BARON ENGEL-SAAG, 1949, B, AEGERTEN

* ULI BUTZ, 1943, B, LUSTMÜHLE AR

Links: Sennenkind in Kronberg, Kanton Appenzell Innerrhoden

A gauche: fils de vacher à Kronberg, Appenzell Rhodes-Intérieures

A sinistra: Il figlio di un pastore. Kronberg, Appenzello Interno

* WILLY HEINIGER, 1912, B, ZÜRICH

Gesicht eines Stimmbürgers im Ring der Landsgemeinde in Appenzell

Visage typique à la Landsgemeinde d'Appenzell

Viso di un partecipante alla Landsgemeinde di Appenzello

«Schüler in Vaters Militärhemd», «Couturière», «Metzgermeister mit Gattin», «Chauffeur im Sonntagsanzug», «Warenhausverkäuferin»

Adolescent en chemise militaire, couturière, boucher et sa femme, chauffeur endimanché, vendeuse de grand magasin

Studente con addosso la camicia militare di papà, couturière, macellaio con consorte, autista vestito a festa, commessa di grande magazzino

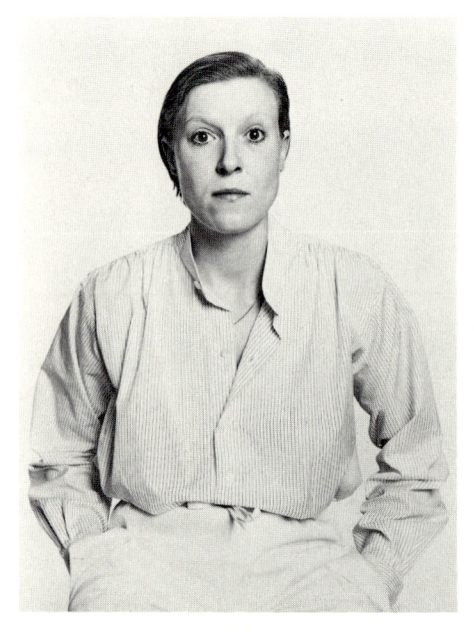

DORIS QUARELLA, 1944, A, ZOLLIKERBERG

«Paul Kunz, geb. 1908, von Wisen, Kanton Solothurn, Beruf: Maschinenschlosser, Nationalität: Schweizer. Arbeitete während 49 Jahren in der Gips-Union und ist seit 16 Jahren Kassier der Darlehenskasse Wisen. Mitglied des Männerchors.»

Paul Kunz, né en 1908, de Wisen, Soleure, profession: serrurier, nationalité: Suisse. Travailla pendant 49 ans à la Gips-Union et est depuis 16 ans caissier de la Caisse de crédit de Wisen. Membre du chœur d'hommes.

Paul Kunz, n. 1908, di Wisen, canton Soletta. Professione: meccanico. Nazionalità: svizzera. Ha lavorato per 49 anni alla Gips-Union, e da 16 anni è cassiere della Darlehenskasse Wisen. È membro del coro maschile.

* CHRISTIAN GERBER, 1944, A, WISEN

* HUGO JAEGGI, 1936, A, BASEL

HUGO JAEGGI, 1936, A, BASEL

Rechts: «Eingehüllt in Schweizerfahne»

A droite: emmitouflée dans un drapeau suisse

A destra: Drappeggio nella bandiera svizzera

PAUL SEILER, 1939, B, OBERDIESSBACH

Nach dem Skifahren im Februar in Wildhaus, Kanton St. Gallen

Après une journée de ski en février, Wildhaus, St-Gall

Dopo le sciate, febbraio a Wildhaus, S. Gallo

MARCO SCHIRINZI, 1949, B, ZÜRICH

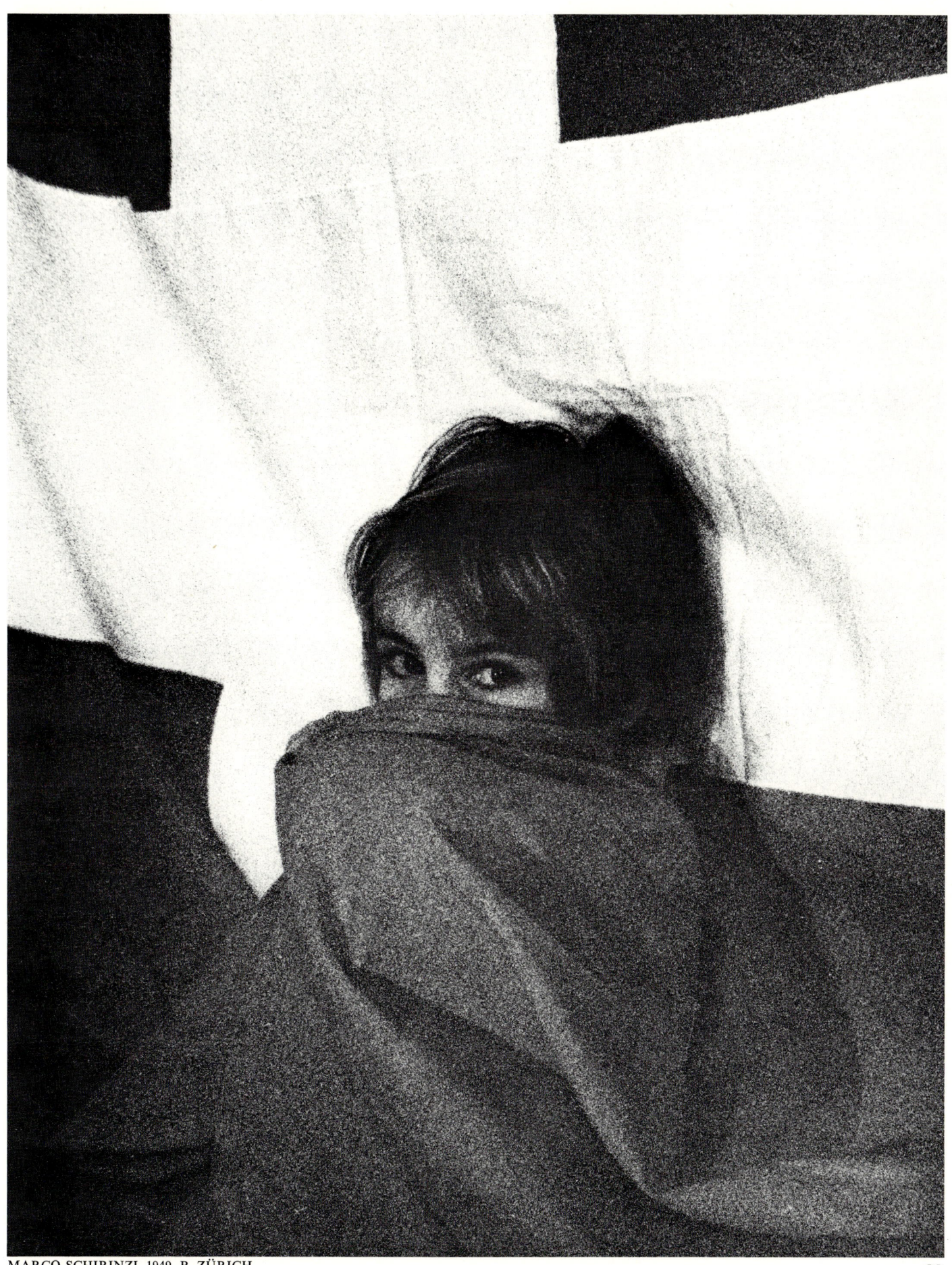

Der Komponist Frank Martin in Israel   Le compositeur Frank Martin en Israël   Il compositore Frank Martin in Israele

GEROLD GLÄTTLI, 1931, B, SCHMIDRÜTI

An einer Vernissage in Olten

Vernissage à Olten, Soleure

A un vernissage a Olten

THOMAS LEDERGERBER, 1946, A, OLTEN

Zuschauer an der Basler Fasnacht

Spectateurs au carnaval de Bâle

Spettatori al carnevale basilese

LUCZY ALEXANDER, 1939, B, REINACH

ALFRED WANZENRIED, 1927, B, BERN

Links: Bereitstellung der Lokomotive für einen Extrazug im Depot der SBB in Bern

A gauche: toilette d'une locomotive au dépôt des CFF à Berne

A sinistra: Preparando la locomotiva per un treno speciale. Deposito delle FFS a Berna

Saubere Treppe in Biel

Escalier reluisant, Bienne

Scala tirata a lucido, Bienne

* PETER JOHN BILLAM, 1948, B, BIEL

Saisonschluß eines Hotels in Interlaken, Kanton Bern

Fin de saison, hôtel à Interlaken, Berne

Chiusura stagionale di un albergo a Interlaken, Berna

DÖLF REIST, 1921, A, INTERLAKEN

JUANITA WACHTER, 1919, B, CASSARATE

Links: Hirtenbub am St. Gotthard

A gauche: jeune berger sur un alpage du St-Gothard

A sinistra: Giovane pastore su un'alpe del S. Gottardo

* WILLY SPILLER, 1947, A, ZÜRICH

«Ein einig Volk… an der Börse der Münzensammler in Zürich»

«Un peuple uni…», à la bourse numismatique de Zurich

«Ein einig Volk…», an der Börse der Münzensammler in Zürich

Rechts: Bergbauer an der Strada Alta
bei Deggio, Kanton Tessin

A droite: paysan de montagne, Strada
Alta près de Deggio, Tessin

A destra: Contadino di montagna.
Strada Alta presso Deggio, Ticino

Holländerin hilft im Auftrag der Pro
Juventute einer Schweizer Berg-
bauernfamilie

Jeune Hollandaise chargée par Pro
Juventute d'aider une famille de
paysans de montagne

Ragazza olandese assiste, per conto
della Pro Juventute, una famiglia
di contadini di montagna

* ANDREAS WOLFENSBERGER, 1942, A, WINTERTHUR

ANDREAS MORSKOI, 1925, B, ZOLLIKON

* PEDRO LUIS RAOTA, 1934, A, BUENOS AIRES, ARG

Links: Ehepaar in der Umgebung von Lugano, Kanton Tessin

A gauche: couple des environs de Lugano, Tessin

A sinistra: Coppia di sposi nei dintorni di Lugano, Ticino

**** MARCO GROSSENBACHER, 1949, B, BERN

Warten auf die Jaßkollegen in der Stammbeiz am Abend in Utzigen, Kanton Bern

Le soir, en attendant les amis pour une partie de jass dans un café d'Utzigen, Berne

Di sera all'osteria, in attesa degli amici per giocare una partita di jass. Utzigen, Berna

* WALTER NIGG, 1940, B, BAAR

Links: «S isch cheibe schön» – aufgenommen am Zuger Kantonalen Schwingfest

A gauche: à la fête cantonale de lutte de Zoug: «C'est rudement bien»

A sinistra: «Mi diverte un sacco.» Fotografato alla festa dei lottatori del cantone di Zugo

FRANCIS PAREL, 1948, B, GENF

Im Stadion von Frontenex, Genf

Au stade de Frontenex à Genève

Allo stadio di Frontenex, Ginevra

«Jeder für sich allein bis ins hohe Alter»
– aufgenommen in Oberwald, Kanton Wallis

Chacun pour soi, même dans les vieux jours, Oberwald, Valais

Anche da anziani, ciascuno per conto suo. Oberwald, Vallese

CHRISTOPHE ALTERMATT, 1956, B, WABERN

Abzeichenverkauf einer Schülerin in Zürich

Ecolière de Zurich agrafant un insigne du 1er août

Vendita di distintivi da parte di studentessa zurighese

ROLF JUCKER, 1929, B, SCHLIEREN

In einem Restaurant in Lugano   Dans un café de Lugano   In un ristorante di Lugano

GIUSEPPE VAGGE, 1930, B, GENUA, I

Aus Freizeit und Arbeit

Für viele Fotografen ist es typisch schweizerisch, daß die Schweizer ihre Landesfahne bei jeder Gelegenheit zeigen. Besonders viele Aufnahmen, die zum Wettbewerb eingereicht worden sind, zeigen Szenen aus Volksfesten und aus Sportveranstaltungen. Hingegen gelangten die oft als typisch schweizerisch bezeichneten Institutionen der direkten Demokratie mit ihrem ausgeprägten Föderalismus nur selten zur Darstellung. Mit nur wenigen Bildern ist auch die Arbeit in jenen Wirtschaftszweigen vertreten, denen die Schweiz in erster Linie ihren Wohlstand verdankt. Der Schluß liegt nahe, daß die Fotografen das typisch Schweizerische weniger bei der Arbeit als in der Art der Freizeitgestaltung sehen.

Berufstätige in der Schweiz im Durchschnitt 1975	
Total	2 784 000
Land- und Forstwirtschaft	220 000
Industrie, Handwerk, Bergbau, Baugewerbe, Energieversorgung	1 254 000
Dienstleistungen, Banken, Versicherungen, Diverse	1 310 000

Obwohl die Landwirtschaft nur noch 7% der Erwerbstätigen beschäftigt, scheint den Fotografen die bäuerliche Arbeit besonders typisch für die Schweiz zu sein. Jene Erwerbszweige, die den Großteil der Bevölkerung beschäftigen, kommen in den Wettbewerbsbildern kaum vor. Auch fehlen Bilder von der Arbeit in Unterricht, Forschung, Kunst und Kultur fast völlig.

Hinsichtlich Verkehr läßt sich feststellen, daß weder das mit 61 500 Kilometern ausgesprochen dichte Straßennetz noch der mit 2 031 000 Fahrzeu-

Loisir et travail

Pour beaucoup de photographes, sortir le drapeau national en toute occasion est typiquement suisse. Les fêtes populaires et les manifestations sportives ont également séduit de très nombreux photographes. En revanche, il est frappant de constater que des institutions pourtant typiques, telles que la démocratie directe, ne sont que rarement représentées. Il en est de même du travail dans les secteurs de l'économie auxquels la Suisse doit avant tout sa prospérité. On peut en déduire que, pour les photographes, les loisirs, en Suisse, offrent davantage de sujets caractéristiques que le travail.

Population active moyenne de la Suisse en 1975	
Total	2 784 000
Agriculture et sylviculture	220 000
Industrie, artisanat, construction, industrie extractive, secteur énergétique	1 254 000
Services, banques, assurances, divers	1 310 000

Bien que l'agriculture n'occupe plus que 7% de la population active, les photographes semblent considérer le travail du paysan comme une activité particulièrement typique. Les secteurs occupant la majeure partie de la population ne sont pratiquement pas représentés. Enfin, l'enseignement, la recherche, les beaux-arts et la vie culturelle sont quasiment ignorés.

On constate aussi que ni notre réseau routier, particulièrement dense avec 61 500 kilomètres, ni le haut degré de motorisation, avec 2 031 000 véhicules,

Tempo libero e lavoro

Osservando le fotografie, ci si rende conto che gli svizzeri hanno un debole per la loro bandiera nazionale, che infatti amano mostrare nelle più svariate occasioni. Ecco un tratto caratteristico, colto da parecchi fotografi, come pure una loro altra peculiarità, cioè la preferenza per le feste popolari e le manifestazioni sportive. Per contro, poche sono le immagini riguardanti quella che spesso si considera una specifica istituzione elvetica, vale a dire la democrazia diretta col suo marcato federalismo. Del resto, poco rappresentati sono pure i settori economici ai quali il nostro paese deve in primo luogo il proprio benessere. In sostanza, a giudizio dei fotografi, le caratteristiche svizzere sembrano esprimersi meglio nelle attività del tempo libero che non sul posto di lavoro.

Popolazione attiva, in media, nel 1975	
Totale	2 784 000
Agricoltura e foreste	220 000
Industria, artigianato, miniere, edilizia, settore energetico	1 254 000
Servizi, banche, assicurazioni, diversi	1 310 000

Sebbene l'agricoltura occupi ormai solo il 7% della popolazione attiva, il lavoro dei contadini è parso ai fotografi particolarmente espressivo. Viceversa non sono quasi descritti i rami d'attività che danno lavoro al grosso della popolazione, e lo stesso può dirsi per altri settori importanti come l'insegnamento, la ricerca, l'arte e la cultura.

Per quanto concerne i trasporti, può osservarsi che non hanno fornito spunti ai fotografi né la rete stradale particolarmente fitta (61 500 km) né il grado

gen hohe Motorisierungsgrad der Schweiz von den Fotografen als typisch schweizerisch empfunden werden. Auch die Schiffahrt und der Flugverkehr kommen in den Wettbewerbsbildern nur am Rande vor. Ganz anders die schweizerischen Bahnen und die Bergbahnen, welche als erste in Europa elektrifiziert worden sind und heute die Fotografen häufig zu Bildern des typisch Schweizerischen anregen.

Mitglieder schweizerischer Verbände	
Schützen	538 000
Turner	311 000
Fußballer	280 000
Skifahrer	125 000
Tennisspieler	95 000
Alpinisten	57 000
Rad- und Motorfahrer	44 000
Schwinger	36 000
Trachten, Volkstänzer, Jodler	35 000
Wasserfahrer, Ruderer	22 000
Hornusser	10 000

Wie subjektiv wohl jedermann das typisch Schweizerische empfindet, geht bei den Fotografen am deutlichsten aus den Abbildungen über die Freizeitgestaltung hervor. Der Schütze ist versucht vom Schießen, der Radfahrer vom Radrennen Bilder aufzunehmen und sie als typisch schweizerisch zu empfinden. Eine Vielzahl von Fotografen stimmt allerdings darin überein, daß das besonders stark ausgebildete Vereinswesen für die Schweiz typisch ist. Im Volksmund heißt es, daß drei Schweizer nicht zusammentreffen können, ohne einen Verein zu gründen.

Breiten Raum nehmen die Bilder von Soldaten ein. Dazu ist der Statistik zu entnehmen, daß in der Schweiz mit

n'ont été considérés comme typiquement suisses. En outre, la navigation et le trafic aérien sont des sujets qui ne furent guère abordés. Il en est tout autre des chemins de fer, y compris ceux de montagne, très souvent photographiés.

Membres d'associations	
Tir	538 000
Gymnastique	311 000
Football	280 000
Ski	125 000
Tennis	95 000
Alpinisme	57 000
Cyclisme, motocyclisme, automobilisme	44 000
Lutte	36 000
Costumes, danses populaires, chant	35 000
Sports nautiques, aviron	22 000
Hornussen	10 000

Les photos illustrant les loisirs démontrent une subjectivité certaine: pour le tireur, c'est le tir qui est typiquement suisse, et pour le cycliste, les courses cyclistes. Un grand nombre de photographes semble être d'accord sur le fait que la pléthore des associations est un phénomène typiquement suisse. Ne dit-on pas que trois Suisses ne peuvent se rencontrer sans fonder une association?

Les images de la vie militaire occupent une place importante. Selon la statistique, la Suisse, avec son armée de milice et son service militaire obligatoire, forme chaque année 20 000 soldats. En cas de mobilisation, elle peut mettre 550 000 hommes sur pied. Enfin, les associations militaires privées

elevato della motorizzazione (2 031 000 veicoli) nel nostro paese. Pure la navigazione e i trasporti aerei sono stati soltanto sfiorati nelle foto del concorso. Esattamente il contrario è accaduto per le ferrovie, comprese quelle di montagna, le prime ad essere elettrificate in Europa, le quali hanno ispirato ai fotografi parecchie immagini caratteristiche.

Membri di associazioni	
Tiro a segno	538 000
Ginnastica	311 000
Calcio	280 000
Sci	125 000
Tennis	95 000
Alpinismo	57 000
Ciclismo, motociclismo, automobilismo	44 000
Lotta	36 000
Costumi, danze e canti popolari	35 000
Nautica, voga	22 000
Hornussen	10 000

Il tema del concorso si prestava ad essere inteso in senso soggettivo, e ciò si avverte soprattutto nelle foto dedicate alle attività del tempo libero. Ad esempio, per il tiratore, lo sport tipicamente svizzero è il tiro a segno, ed è dunque qui che egli scatta le sue immagini; lo stesso può dirsi per il ciclista, il lottatore e così via. Comunque, su un fatto molti fotografi sembrano essere d'accordo: il gran numero di associazioni sportive è una caratteristica svizzera. Non per nulla un detto popolare vuole che quando tre svizzeri si incontrano finiscono per riunirsi in una qualche forma di sodalizio.

Ampio spazio occupano inoltre le foto dedicate ai soldati. Secondo le stati-

ihrem Milizsystem und der allgemeinen Wehrpflicht jährlich rund 20 000 Soldaten ausgebildet werden. Nach einer Mobilmachung verfügt die Schweiz über ein Heer von 550 000 Mann. Die zivilen Militärvereine umfassen 120 000 Mitglieder. Als einziger Soldat der Welt nimmt der Schweizer seine persönliche Ausrüstung und das Sturmgewehr samt Munition mit nach Hause. In dienstfreien Jahren hat er zu den in allen Gemeinden stattfindenden Waffen- und Ausrüstungsinspektionen anzutreten. Die allgemeine Wehrpflicht dauert vom 20. bis zum 50. Altersjahr. Mit der Rekrutenschule, den Wiederholungs- und Ergänzungskursen leistet jeder Schweizer Wehrmann ein Jahr Militärdienst, was verständlich macht, daß das Thema Militär aufgrund seiner Volksverbundenheit nicht nur in Stammtischgesprächen, sondern auch in den Bildern der Fotografen als typisch schweizerisch erscheint.

comptent 120 000 membres. Le soldat suisse, astreint au service militaire de 20 à 50 ans, est le seul au monde à conserver chez lui ses effets militaires, y compris son fusil et la munition. Pendent les années où il est exempt de faire du service, il doit se présenter, dans sa commune, à une inspection de l'arme et de l'équipement. L'école de recrues, les cours de répétition et les cours de complément représentent ensemble une année de service militaire. Il est donc naturel que «le service militaire», auquel s'associe le peuple tout entier, ne soit pas seulement l'un des principaux sujets de discussion autour d'un bon verre, mais aussi l'un des thèmes favoris des photographes.

stiche, in Svizzera il sistema della milizia e l'obbligo del servizio militare permettono di addestrare annualmente circa 20 000 soldati. In caso di chiamata generale alle armi, il paese dispone di un esercito di 550 000 persone. Le associazioni militari private contano 120 000 membri. Il soldato svizzero è l'unico al mondo che porta a casa il suo equipaggiamento, compresi il fucile e le munizioni. Negli anni in cui non presta servizio, egli deve presentarsi nel suo comune per l'apposita ispezione dell'arma. In generale, l'obbligo militare dura dal 20° al 50° anno d'età. In tale periodo, tenendo conto della scuola reclute e dei vari corsi di ripetizione e di aggiornamento, il soldato presta complessivamente un anno di servizio. È perciò naturale che il tema militare, a cui si interessa tanta parte della popolazione, non sia soltanto oggetto di discussioni intorno a una buona bottiglia di vino, ma pure un soggetto preferito dai fotografi.

* NOEL CHARMILLOT, 1928, B, VERSOIX

Links: Beim Bahnhof in Blonay, Kanton Waadt

A gauche: à la gare de Blonay, Vaud

A sinistra: Alla stazione di Blonay, Vaud

* HANSRUEDI BRAMAZ, 1948, A, ADLISWIL

Bergbauern im Mittelwallis

Causette entre paysans de montagne, Valais central

Contadini di montagna nel Vallese centrale

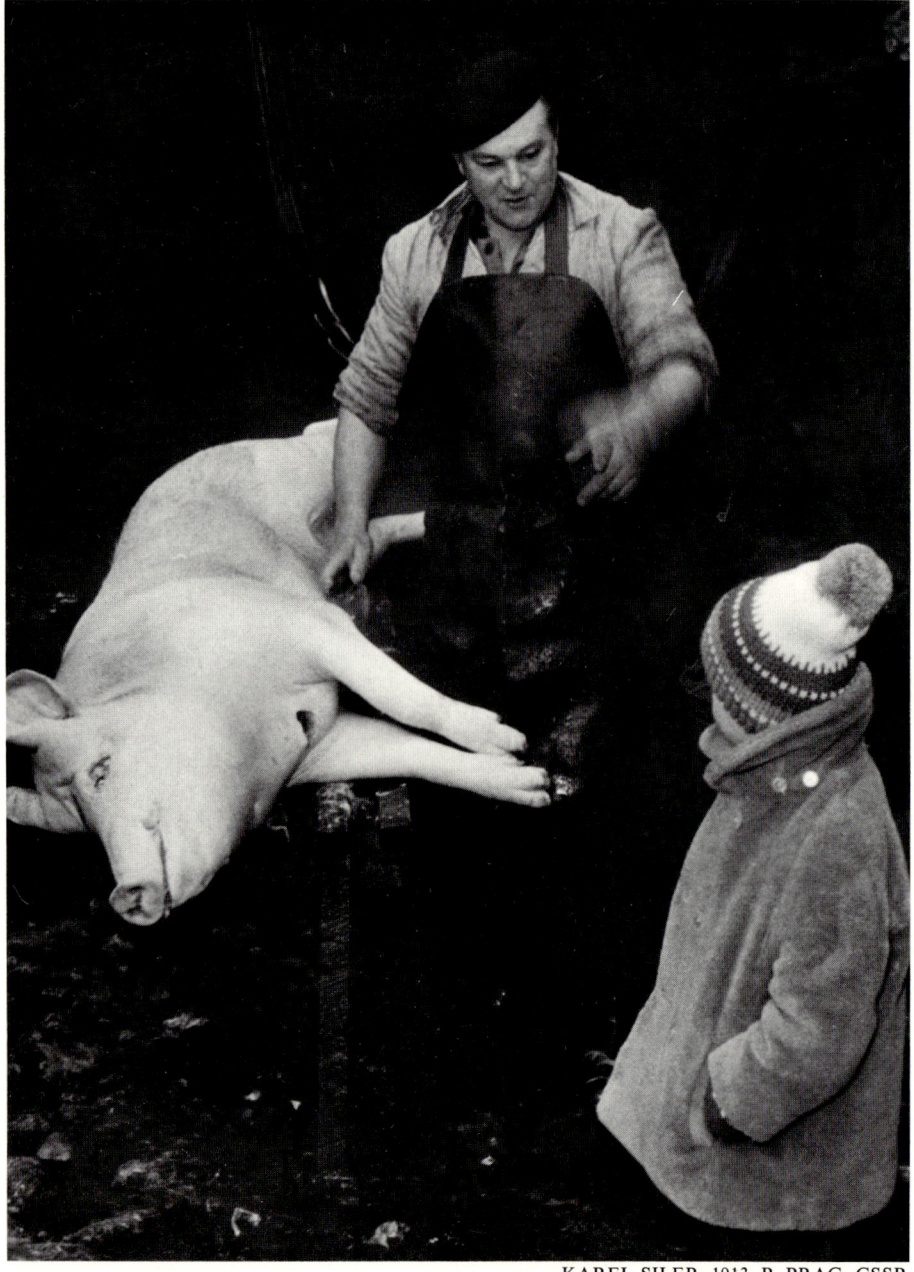

Rechts: Mittagsmahl auf der Alp Heinzenberg, Kanton Graubünden

A droite: repas de midi sur l'Alpe de Heinzenberg, Grisons

A destra: Pranzo sull'alpe di Heinzenberg, Grigioni

Begegnung mit dem Störmetzger

Rencontre avec le boucher ambulant

Incontro col macellaio ambulante

KAREL SILER, 1913, B, PRAG, CSSR

* HEINER VOGELSANGER, 1952, A, BASEL

* HUGO JAEGGI, 1936, A, BASEL

Bäuerin beim Heuen in Sigriswil, Kanton Bern

Paysanne à la fenaison, Sigriswil, Berne

Contadina durante la fienagione, Sigriswil, Berna

KEES VAN DEN BERG, 1930, B, EEMNES, NL

*PETER AMMON, 1924, A, LUZERN

Links: Gebet vor der Kartoffelernte im Lötschental, Kanton Wallis

A gauche: prière avant la récolte de pommes de terre, Lötschental, Valais

A sinistra: Preghiera prima della raccolta delle patate, Lötschental, Vallese

Kartoffelernte

Récolte de pommes de terre

Raccolta delle patate

LUBOMIR STACHO, 1953, B, NOVAKY, CSSR

**** MARCO GROSSENBACHER, 1949, B, BERN

Gastarbeiter vor der Abfahrt in Worb,
Kanton Bern

Travailleurs immigrés attendant le
train à Worb, Berne

Lavoratori stranieri prima della
partenza a Worb, Berna

Gedanken eines Gastarbeiters

Pensées d'un travailleur immigré

Pensieri di un lavoratore straniero

*** RUEDI KNOEPFLI, 1949, A, BIRSFELDEN

* EKKEHARD FÖHR, 1948, B, MURI-BERN

Links: Trachtenmädchen in Zaziwil, Kanton Bern

A gauche: jeune fille de Zaziwil en costume bernois

A sinistra: Fanciulla di Zaziwil in costume bernese

Vorführung der Pferde aus Schweizer Zucht am traditionellen Pferdemarkt in Saignelégier im Jura

Présentation de chevaux d'élevage suisse au traditionnel marché-concours de Saignelégier, Jura

Presentazione dei cavalli provenienti da allevamenti svizzeri al tradizionale mercato equino di Saignelégier nel Giura

GOTTLIEB HASLER, 1934, B, ALLSCHWIL

Ehrengarde der Herrgottsgrenadiere am Segensonntag im Lötschental

Garde d'honneur des grenadiers du Bon Dieu, le dimanche de la bénédiction, dans le Lötschental

Picchetto d'onore dei granatieri del Signore, domenica della benedizione nel Lötschental

* FRANÇOIS GUIGNARD, 1941, B, PRILLY

Maskierung eines Silvester-Klauses in Herisau, Kanton Appenzell Außerrhoden

Beau Nicolas de la St-Sylvestre appliquant son masque, Herisau, Appenzell Rhodes-Extérieures

Applicando la maschera a un «Silvester-Klaus», Herisau, Appenzello Esterno

* LÉAN STEINER, 1946, B, ST. GALLEN

Maskierte Kläuse am alten Silvester in Urnäsch beim Singen

Beaux Nicolas chantant le «Zäuerli» («jodel» sans paroles) à la vieille St-Sylvestre (13 janvier) à Urnäsch, Appenzell Rhodes-Extérieures

Coro folcloristico il giorno del vecchio S. Silvestro a Urnäsch

** MANFRED BINGLER, 1928, A, HERRLIBERG

123

Alpaufzug bei Brülisau, Kanton Appenzell Innerrhoden

Montée à l'alpage près de Brülisau, Appenzell Rhodes-Intérieures

Salita sull'alpe presso Brülisau, Appenzello Interno

HANSJÜRG FITZI, 1940, B, ZÜRICH

Rechts: Beim Abstimmen an der Landsgemeinde in Hundwil, Appenzell Außerrhoden, hält ein Stimmbürger seine linke Hand wie beim Schwur an den Degen

A droite: votation à la Landsgemeinde de Hundwil, Appenzell Rhodes-Extérieures. Un citoyen applique la main gauche sur son épée, comme s'il prêtait serment

A destra: Durante la votazione alla Landsgemeinde di Hundwil, Appenzello Esterno, la sinistra va tenuta contro la sciabola, come nel giuramento

ULRICH FLÜCKIGER, 1944, B, TUTTWIL

Schweizer Sportler am Sechstagerennen in München und beim Wildwasserfahren in Augsburg

Suisses aux 6 jours de Munich et canoë sur un torrent d'Augsburg

Sportivi svizzeri alla corsa dei sei giorni di Monaco e durante una gara in canoa su un torrente ad Augusta

* FRANZ ERBEN, 1931, B, AUGSBURG, BRD

* FRANZ ERBEN, 1931, B, AUGSBURG, BRD

JEAN MÜLHAUSER, 1932, A, FRIBOURG

Links: Kind in der «Schlafstadt» Schönberg-Fribourg

A gauche: enfant dans la cité-dortoir de Schönberg-Fribourg

A sinistra: Bambino nella «città-dormitorio» di Schönberg-Friborgo

RADVAN ZDENEK, 1948, B, RAKOVNIK, CSSR

Kind am Abend im Gebirge

Fillette, le soir sur l'alpage

Bambina di sera in montagna

Schützen und rote «Zeigermannen» vor den Schützenscheiben am traditionellen Morgartenschießen, Kanton Zug

Tireurs et «cibars» au traditionnel tir de Morgarten, Zoug

Tiratori e segnalatori in giubba rossa davanti ai bersagli, alla tradizionale festa di tiro a segno di Morgarten, Zugo

** PHILIPP GIEGEL, 1927, A, ZÜRICH

** PHILIPP GIEGEL, 1927, A, ZÜRICH

* CAMILLE WÜTHRICH, 1925, B, ZÜRICH

Links: Am Ziel des Militärradrennens
St. Gallen–Zürich

A gauche: à l'arrivée de la course
cycliste militaire St-Gall–Zurich

A sinistra: Al traguardo della corsa
ciclistica militare S. Gallo–Zurigo

Inspektion in Rapperswil, Kanton
St. Gallen

Inspection à Rapperswil, St-Gall

Ispezione a Rapperswil, S. Gallo

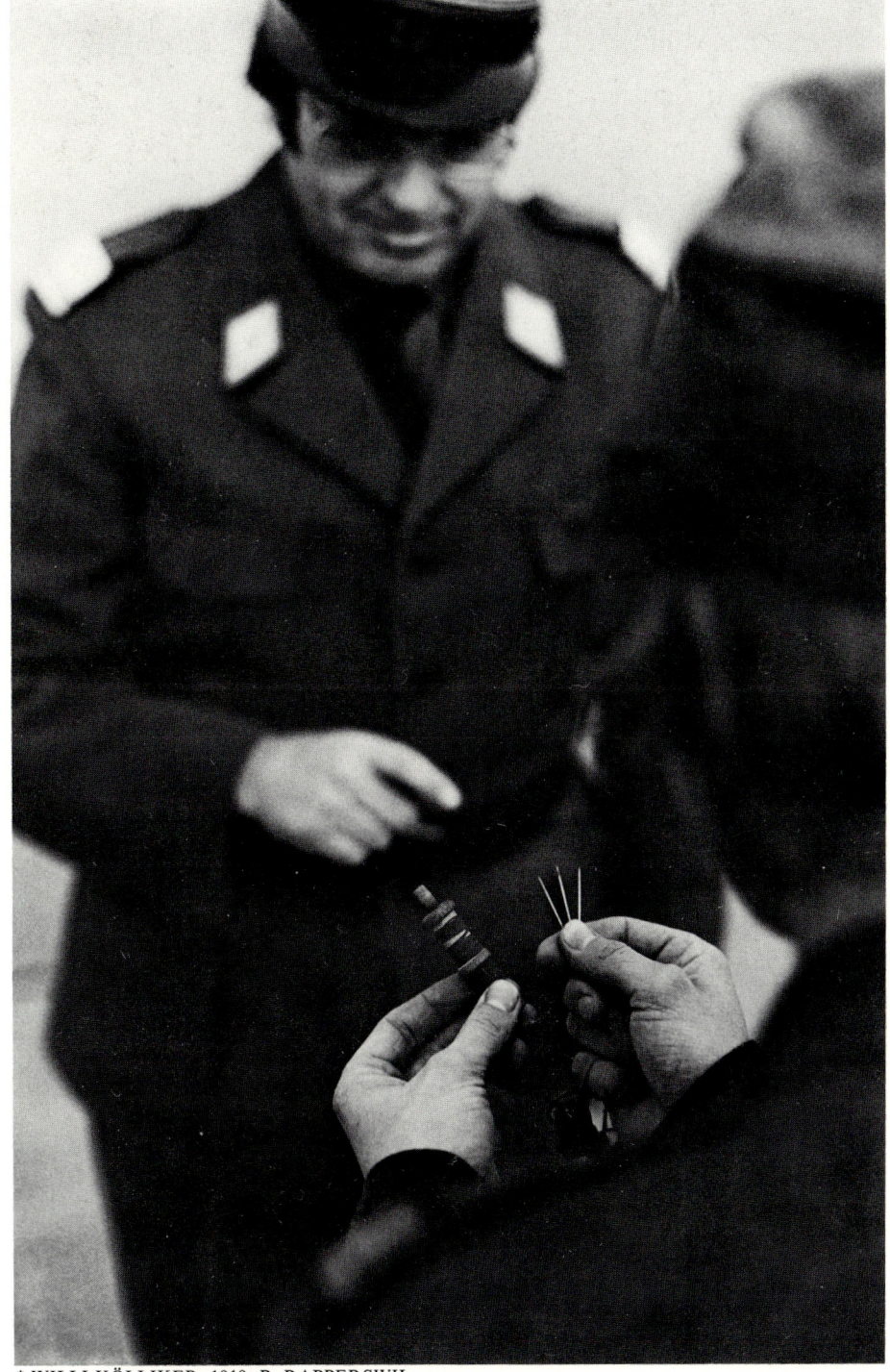

* WILLI KÖLLIKER, 1919, B, RAPPERSWIL

Das schweizerische Feldschießen ist mit 200 000 Teilnehmern das größte Schützenfest der Welt; aufgenommen in Burgistein, Kanton Bern

Le tir de campagne suisse, avec ses 200 000 participants, est la plus grande fête de tir du monde, Burgistein, Berne

In Svizzera, alla gara campestre di tiro a segno partecipano 200 000 persone. Si tratta della maggiore manifestazione del genere nel mondo. Burgistein, Berna

**** WALTER EICHER, 1921, B, BELP

«Bruderschaftstrinket» an einer Hochzeitsfeier in Lueg im Emmental, Kanton Bern

On boit le verre de l'amitié lors d'une noce à Lueg dans l'Emmental, Berne

Bevuta dell'amicizia a una festa matrimoniale a Lueg nell'Emmental, Berna

SUSANNA SIEGENTHALER, 1951, B, SUBINGEN

An einer Tramhaltestelle in Zürich

A un arrêt de tram à Zurich

A una fermata del tram a Zurigo

Rechts: Am Militärradrennen
St. Gallen–Zürich

A droite: à la course cycliste
militaire St-Gall–Zurich

A destra: Alla corsa ciclistica militare
S. Gallo–Zurigo

ALBERT HAURI, 1932, B, ZÜRICH

* CAMILLE WÜTHRICH, 1925, B, ZÜRICH

Waffenläufer bei Frauenfeld, Kanton Thurgau

Coureur militaire près de Frauenfeld, Thurgovie

Soldato in corsa presso Frauenfeld, Turgovia

* KÄTHI STRAHM, 1944, B, ALLSCHWIL

Mechanisierte Truppen im Sensegraben
bei Schwarzenburg, Kanton Bern

Troupes mécanisées au Sensegraben
près de Schwarzenburg, Berne

Truppe corazzate nel Sensegraben
presso Schwarzenburg, Berna

* ANDREAS SCHOELLHORN, 1954, B, WINTERTHUR

Rechts: Entlassung der Fünfzigjährigen aus der Wehrpflicht in Olten, Kanton Solothurn

A droite: cinquantenaires libérés des obligations militaires, Olten, Soleure

A destra: Congedo dei cinquantenni dall'obbligo del servizio militare, Olten, Soletta

Große Manöver in Château-d'Oex, Kanton Waadt

Grandes manœuvres à Château-d'Oex, Vaud

Grandi manovre a Château-d'Oex, Vaud

JEAN LUGRIN, 1944, B, CHATEAU-D'ŒX

Inspektion im Schulhaus Steffisburg, Kanton Bern

Inspection au collège de Steffisburg, Berne

Ispezione nella scuola di Steffisburg, Berna

WALTER WILLI, 1928, B, THUN

THOMAS LEDERGERBER, 1946, A, OLTEN

**** BRUNO KIRCHGRABER, 1930, A, ZÜRICH

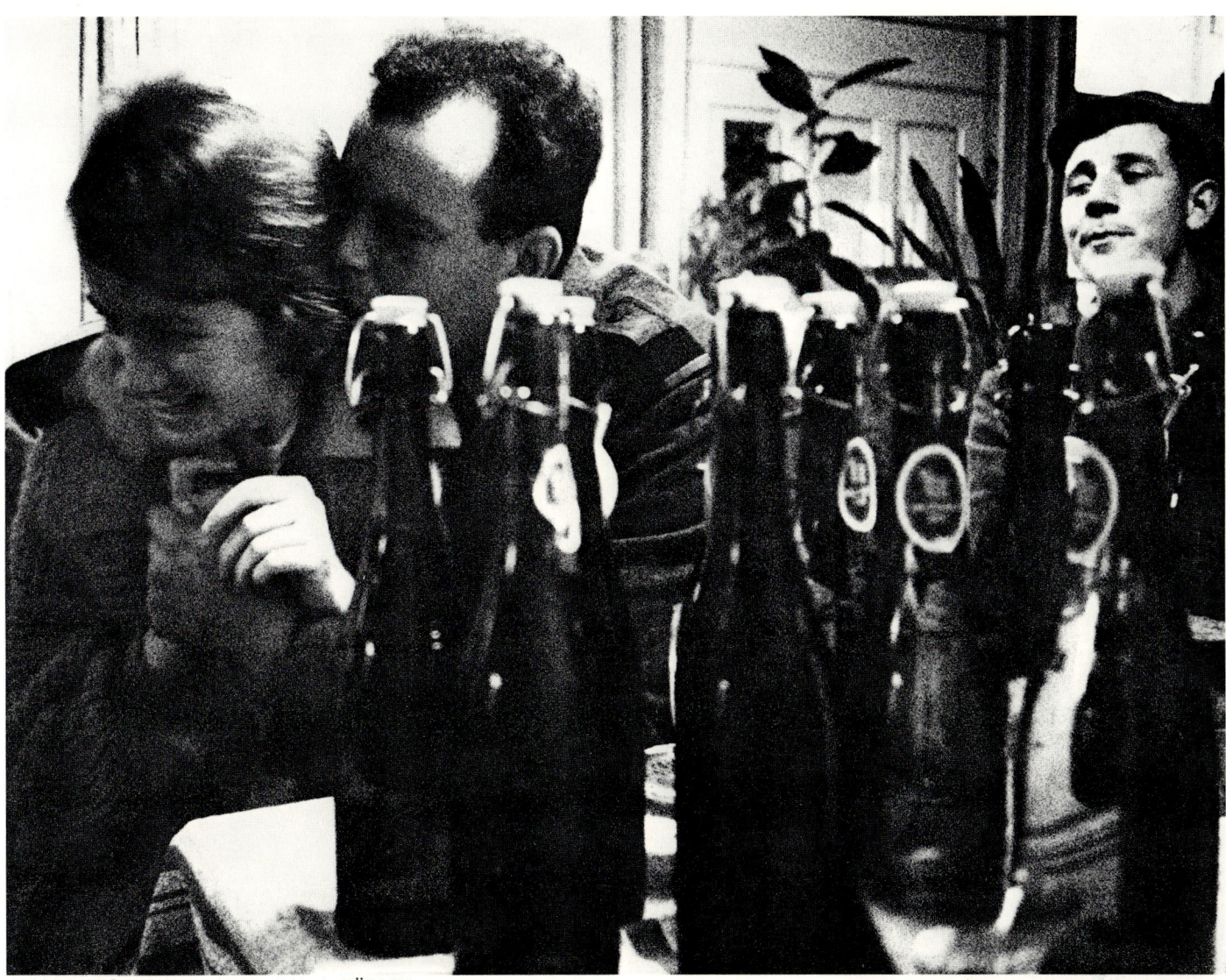

**** BRUNO KIRCHGRABER, 1930, A, ZÜRICH

Links: «Hierarchie», oben: «Nach neun Flaschen» und rechts: «Mein Pritschennachbar»

A gauche: «Hiérarchie», en haut: «Après neuf bouteilles» et à droite: «Mon voisin de dortoir»

A sinistra: «Gerarchia», sopra: «Dopo nove bottiglie» e a destra: «Il mio vicino nel dormitorio»

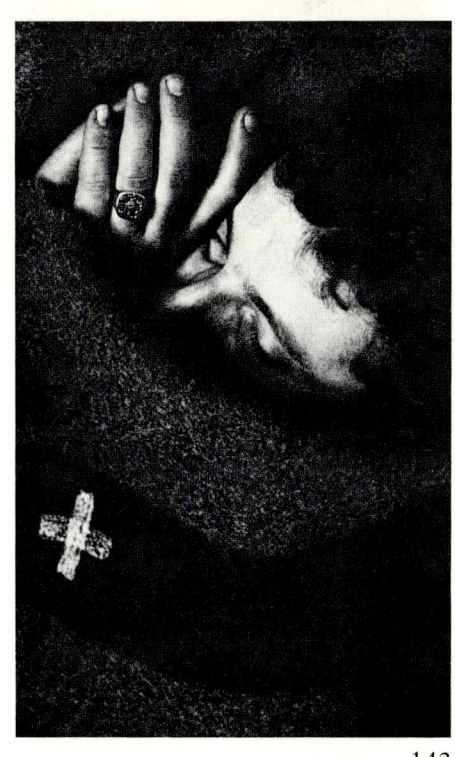

Nachtschießen der Schweizer Armee bei −25°C in Zuoz, Kanton Graubünden

Tir de nuit de l'armée suisse par −25°C à Zuoz, Engadine, Grisons

Colpi di cannone nella notte a −25°C; manovre dell'esercito a Zuoz, Grigioni

*** KLAUS KAEPPELI, 1948, B, EGGERSRIET

*** KLAUS KAEPPELI, 1948, B, EGGERSRIET

An der Hundeschau in Zürich   A l'exposition canine de Zurich   Alla mostra canina di Zurigo

*WILLY SPILLER, 1947, A, ZÜRICH

Am Schwingfest in Allweg, Kanton Nidwalden

Fête de lutte à Allweg, Nidwald

Alla festa dei lottatori a Allweg, Nidvaldo

*JOSEF BRÜHWILER, 1912, B, INTERLAKEN

* PAUL LIBSIG, 1942, B, REINACH

Links: Beim Schwingfest in Reinach, Baselland

A gauche: fête de lutte à Reinach, Bâle-Campagne

A sinistra: Alla festa dei lottatori a Reinach, Basilea-Campagna

Beim Tanz am Abend nach dem Zuger Kantonalen Schwingfest

Soirée dansante après la fête de lutte cantonale de Zoug

Al ballo serale dopo la festa dei lottatori del cantone di Zugo

* WALTER NIGG, 1940, B, BAAR

Szenen vom Schwingen im Kanton Bern   Scènes de lutte dans le canton de Berne   Scene di lotta nel cantone di Berna

***** URS JENZER, 1939, B, BURGDORF

***** URS JENZER, 1939, B, BURGDORF

Hornussen ist ein Emmentaler Bauernspiel, das bis ins 16. Jahrhundert zurückreicht. Der Hornuß, eine 80 Gramm schwere Kunststoffscheibe, wird mit dem auf dem Stecken aufgesetzten «Holzträf» weggeschlagen und von der anderen Mannschaft mit der schaufelartigen «Schindel» «abgetan».

Le «hornussen» est un jeu paysan originaire de l'Emmental et remonte au XVIe siècle. Le «hornuss», disque en plastique de 80 g, est projeté à l'aide d'une canne flexible munie à son extrémité d'un cylindre de bois. L'équipe adverse cherche à intercepter le projectile à l'aide de grandes pelles de bois lancées en l'air.

L'«hornussen» è un gioco contadino originario dell'Emmental, risalente al 16° secolo. Per mezzo di una canna flessibile, munita alla punta di un apposito congegno, si lancia a grande velocità un disco di plastica che la squadra avversaria cerca di bloccare con speciali pale.

** HANSRUDOLF BACHMANN, 1935, B, BERN

** HANSRUDOLF BACHMANN, 1935, B, BERN

* KARL WOLFF, 1921, B, ZÜRICH

Links: Am Zürcher Sechseläuten wird jeden Frühling der «Böögg» als Symbol des Winters verbrannt. Nach dem Umzug durch die Stadt galoppieren die Reitergruppen der Zünfte um den Scheiterhaufen auf dem Sechseläutenplatz am Bellevue, bis das Ende des Schneemannes das Nahen des Frühlings anzeigt

A gauche: à la fête zurichoise du «Sechseläuten» («carillon de 6 heures du soir»), on brûle chaque année le bonhomme hiver. Après un cortège à travers la ville, les groupes équestres des corporations galopent autour du bûcher

A sinistra: Il Sechseläuten è una tradizionale festa zurighese. La sera gruppi di cavalieri delle varie corporazioni galoppano intorno a un rogo finché il «Böögg» va in pezzi, segnando il principio della primavera

Altersweihnacht in Luzern

Noël pour nos aînés, à Lucerne

Natale degli anziani a Lucerna

* GEORG ANDERHUB, 1949, A, LUZERN

Jaßmeisterschaften in Zürich

Championnat de jass à Zurich

Campionati di jass a Zurigo

ALBERT HAURI, 1932, B, ZÜRICH

155

156 *** HEIRI SCHMID, 1936, A, EGGENWIL

Gesichter vom Zürcher Künstler-maskenball

Visages du bal masqué des artistes à Zurich

Espressioni colte al ballo mascherato degli artisti, Zurigo

*** HEIRI SCHMID, 1936, A, EGGENWIL

Pause der Musik vor der Wahl der Rosenkönigin in Ennetbürgen, Kanton Nidwalden

Pause de l'orchestre avant l'élection de la reine de la rose à Ennetbürgen, Nidwald

L'orchestra si interrompe in attesa dell'elezione della regina delle rose a Ennetbürgen, Nidvaldo

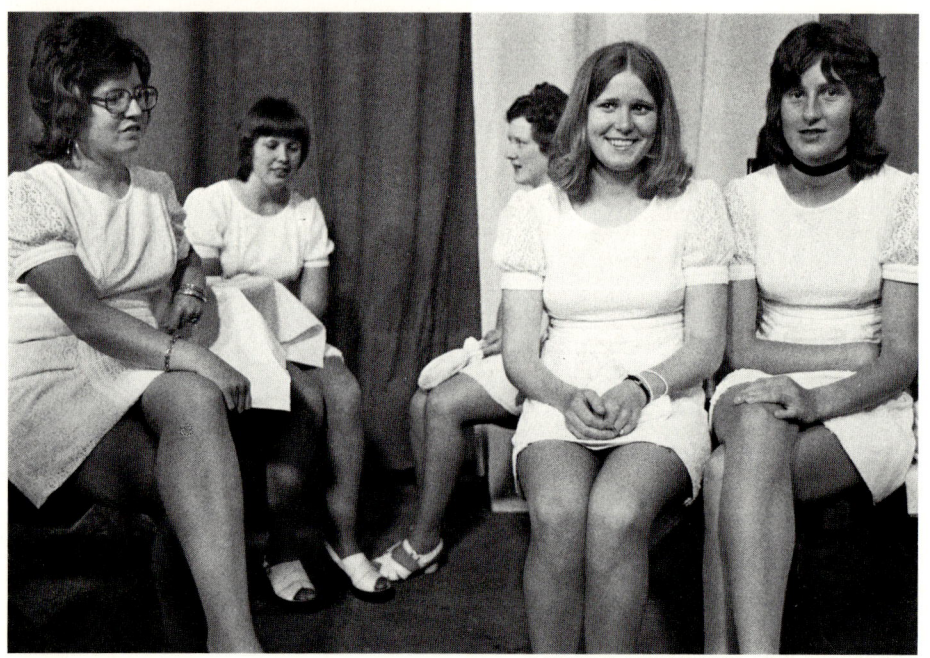

Ehrendamen an einem Festbankett in Sursee, Kanton Luzern

Dames d'honneur à un banquet à Sursee, Lucerne

Dame d'onore a un banchetto festivo a Sursee, Lucerna

* GEORG ANDERHUB, 1949, A, LUZERN

Mittagspause und Vertreter der älteren Generation am Schwingertag in Bülach, Kanton Zürich

Sieste et représentants de la vieille génération à la fête de lutte à Bülach, Zurich

Siesta sul prato e rappresentanti della generazione più anziana – giornata dei lottatori a Bülach, Zurigo

BRANIBOR DEBELJKOVIC, 1916, A, BELGRAD, YU

Basler Fasnacht   Carnaval de Bâle   Carnevale basilese

*** TITUS ODERMATT, 1940, B, BIBERIST

Trommelsolo im Imbergäßlein, Basel Solo de tambour au Imbergässlein, Bâle Tamburino solitario nell'Imbergässlein, Basilea

*** GERNOT NICKEL, 1935, B, FRANKFURT a.M., BRD

| Ehrenpatronat | Comité d'honneur | Patronato onorario |
| Jury | Jury | Giuria |

Prof. Dr. H. P. Tschudi, alt Bundesrat, Basel, Präsident
Dr. A. Schaefer, Ehrenpräsident der Schweiz. Bankgesellschaft, Zürich, Vize-Präsident
Karl Blöchliger, Präsident des Schweiz. Zeitungsverlegerverbandes, Zürich
Dr. Mark Buchmann, ehemaliger Direktor der Kunstgewerbeschule Zürich, Küsnacht
Marcel Ed. Chollet, Präsident des Schweiz. Amateur-Photographen-Verbandes, Bern
Prof. Dr. Peter Dürrenmatt, Nationalrat, Riehen
Manuel Gasser, Präsident der Stiftung für die Photographie, Zürich
Dr. Fritz Honegger, Ständerat, Rüschlikon
Prof. André Masson, Doyen der Fotografenabteilung der Ecole des arts et métiers, Vevey
Fernand Perret, a. Präsident des Schweiz. Photographen-Verbandes, La Chaux-de-Fonds
Olivier Reverdin, Ständerat, Genève
Remo Rossi, Präsident der Eidg. Kunstkommission, Locarno
Dr. Martin Schlappner, Redaktor NZZ, Zürich
Dr. Ettore Tenchio, Präsident der Schweiz. Radio- und Fernsehgesellschaft, Bern
Prof. Dr. H. U. Zollinger, Rektor der Universität Basel, Arlesheim

Odette Bretscher, FIAP, Bremgarten
Willy Furter, Generaldirektor der Orell Füssli Graphische Betriebe AG, Zürich
René Groebli, Fotograf, Zürich
Fulvio Roiter, Fotograf, Venedig
Jeanloup Sieff, Fotograf, Paris
Emil Schulthess, Bildredaktor, Zürich

Register Index Indice

Prämiierte Fotos
Namenregister zur engeren
Wahl der Jury

Photos primées
Participants ayant obtenu une
mention du jury

Fotografie premiate
Elenco dei nomi segnalati
dalla giuria

Die Preisträger   Lauréats   I vincitori

Kuhn Siegfried, 1931, A, Bildreporter, Lyß

Goldene Linse der Berufsfotografen für die Gesamtarbeit schwarzweiß «Zeichnig» (Viehmarkt und Prämiierung) in Lauenen
K: Nikon, F: 105, 200, M: Kodak Tri-X

Lentille d'or, catégorie Professionnels, pour l'ensemble des travaux en noir et blanc
«Marché aux bestiaux à Lauenen»
K: Nikon, F: 105, 200, M: Kodak Tri-X

Lente d'oro dei professionisti per l'insieme delle foto in bianco e nero «Mercato e premiazione del bestiame» a Lauenen
K: Nikon, F: 105, 200, M: Kodak Tri-X

Jenzer Urs, 1939, B, Schriftsetzer,
Burgdorf

Goldene Linse der Amateure für die
Gesamtarbeit schwarzweiß
«Schwingen» in Boll und München-
buchsee
K: Nikkormat EL, F: 80–200, M: Tri-X
Pan

Lentille d'or, catégorie Amateurs,
pour l'ensemble des travaux en noir
et blanc
«Lutte» à Boll et Münchenbuchsee
K: Nikkormat EL, F: 80–200,
M: Tri-X Pan

Lente d'oro degli amatori per l'in-
sieme delle foto in bianco e nero
«Gare di lotta» a Boll e München-
buchsee
K: Nikkormat EL, F: 80–200,
M: Tri-X Pan

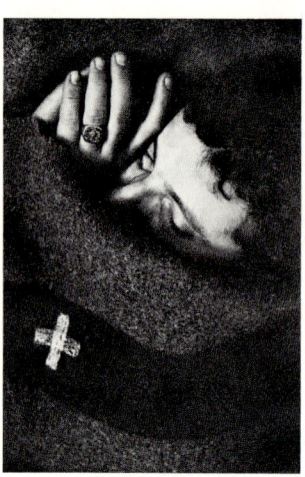

Kirchgraber Bruno, 1930, A, Kartograf/Fotograf, Zürich

Silberne Linse der Berufsfotografen für die Gesamtarbeit schwarzweiß «Soldaten, Kameraden…» Bilder aus Bern, Zürich, Weinfelden, Horn TG und Sulgen TG
K: Leica M 2, F: 90 (Bild 1), 35 (Bilder 2–6), M: Ilford FP 3 (Bilder 1–3), Agfa IR (Bilder 4–6)

Lentille d'argent, catégorie Professionnels, pour l'ensemble des travaux en noir et blanc
«Soldats, camarades…», images de Berne, Zurich, Weinfelden, Horn TG et Sulgen TG
K: Leica M 2, F: 90 (photo 1), 35 (photos 2 à 6), M: Ilford FP 3 (photos 1 à 3), Agfa IR (photos 4 à 6)

Lente d'argento dei professionisti per l'insieme delle foto in bianco e nero «Soldati, camerati…» Foto di Berna, Zurigo, Weinfelden, Horn TG e Sulgen TG
K: Leica M 2, F: 90 (foto 1), 35 (foto 2–6), M: Ilford FP 3 (foto 1–3), Agfa IR (foto 4–6)

Gohl Heinrich, 1926, A, Fotograf,
Basel

Silberne Linse der Berufsfotografen für
die Gesamtarbeit in Farbe
«Chästeilet» (Käseverteilung an die
Bauern, deren Kühe den Sommer auf
der Alp verbracht haben) im Justistal,
Berner Oberland
K: Pentax, F: 200 (Bilder 1–3), 20
(Bild 4), 85 (Bild 5), 35 (Bild 6),
M: Kodachrome 64

Lentille d'argent, catégorie Professionnels, pour l'ensemble des travaux en couleur
«Répartition du fromage parmi les paysans dont les vaches ont passé l'été à la montagne», Justistal, Oberland bernois
K: Pentax, F: 200 (photos 1 à 3), 20 (photo 4), 85 (photo 5), 35 (photo 6),
M: Kodachrome 64

Lente d'argento dei professionisti per l'insieme delle foto a colori
«Ripartizione del formaggio tra i contadini, le cui mucche hanno passato l'estate sull'alpe», Justistal, Oberland Bernese
K: Pentax, F: 200 (foto 1–3), 20 (foto 4), 85 (foto 5), 35 (foto 6),
M: Kodachrome 64

167

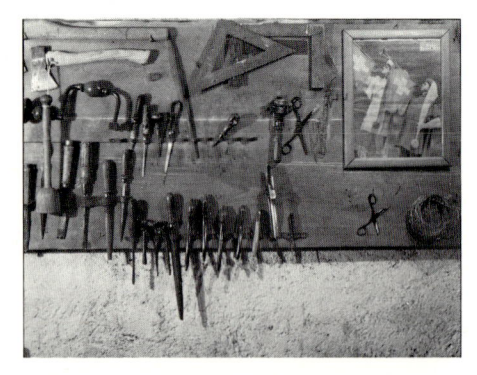

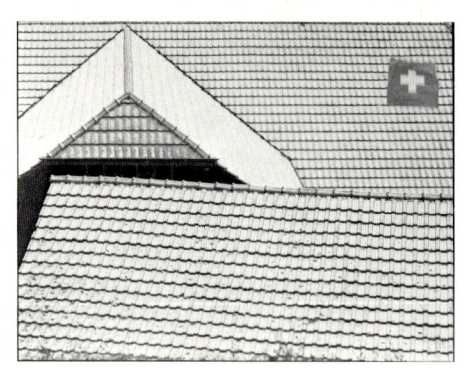

Grossenbacher Marco, 1949, B, Kartograf, Bern

Silberne Linse der Amateure für die Bilder 2, 4, 5 in Farbe «Warten auf die Jaßkollegen am Feierabend in der Stammbeiz» «Gastarbeiter vor der Abfahrt» «Fahnenschwinger beim letzten Training» K: Hasselblad, F: 80, M: Vericolor S	Lentille d'argent, catégorie Amateurs, pour les photographies 2, 4 et 5 en couleur «En attendant les amis pour une partie de jass, après le travail» «Travailleurs immigrés avant le départ» «Dernier entraînement d'un lanceur de drapeaux» K: Hasselblad, F: 80, M: Vericolor S	Lente d'argento degli amatori per le foto 2, 4 e 5 a colori «Di sera all'osteria, in attesa degli amici per giocare una partita di jass» «Lavoratori stranieri prima della partenza» «Ultimo allenamento del lanciatore di bandiere» K: Hasselblad, F: 80, M: Vericolor S

Eicher Walter, 1921, B, Lehrer, Belp

| Silberne Linse der Amateure für die Gesamtarbeit in Farbe «Feldschießen» in Burgistein, Kanton Bern K: Konica, F: 200 (Bilder 1 und 5), 80 (Bilder 2–4); M: Kodachrome II | Lentille d'argent, catégorie Amateurs, pour l'ensemble des travaux en couleur «Tir de campagne» à Burgistein, Berne K: Konica, F: 200 (photos 1 et 5), 80 (photos 2 à 4), M: Kodachrome II | Lente d'argento degli amatori per l'insieme delle foto a colori «Gara campestre di tiro a segno» a Burgistein, Berna K: Konica, F: 200 (foto 1 e 5), 80 (foto 2–4), M: Kodachrome II |

Schill Karl, 1927, B, Laborant,
Binningen

Silberne Linse der Amateure für die Bilder 2, 3, 4 und 6 schwarzweiß «Wanderschäferei bei Niederbipp und im Verzascatal»
K: Rolleiflex (Bild 1), Z-Bronica (Bilder 2–6), F: 75 (Bild 1), 500 (Bilder 2 und 4), 135 (Bilder 3 und 6), 300 (Bild 5), M: Ilford HP 3 (Bild 1), Agfapan (Bilder 2–6)

Lentille d'argent, catégorie Amateurs, pour les photos 2, 3, 4 et 6 en noir et blanc
«Transhumance» près de Niederbipp et dans le Val Verzasca
K: Rolleiflex (photo 1), Z-Bronica (photos 2 à 6), F: 75 (photo 1), 500 (photos 2 et 4), 135 (photos 3 et 6), 300 (photo 5), M: Ilford HP 3 (photo 1), Agfapan (photos 2 à 6)

Lente d'argento degli amatori per le foto 2, 3, 4 e 6 in bianco e nero
«Migrazione invernale presso Niederbipp e in Val Verzasca»
K: Rolleiflex (foto 1), Z-Bronica (foto 2–6), F: 75 (foto 1), 500 (foto 2 e 4), 135 (foto 3 e 6), 300 (foto 5), M: Ilford HP 3 (foto 1), Agfapan (foto 2–6)

Knoepfli Ruedi, 1949, A, Fotograf,
Birsfelden

Bronzene Linse der Berufsfotografen
für die Gesamtarbeit schwarzweiß
«Gedanken eines Gastarbeiters bei der
Arbeit»
K: Bronica, F: 75 (Bilder 1–4), 135
(Bild 5), M: FP 4

Lentille de bronze, catégorie Professionnels, pour l'ensemble des travaux
en noir et blanc
«Pensées d'un travailleur immigré»
K: Bronica, F: 75 (photos 1 à 4), 135
(photo 5), M: FP 4

Lente di bronzo dei professionisti per
l'insieme delle foto in bianco e nero
«Pensieri di un lavoratore straniero»
K: Bronica, F: 75 (foto 1–4), 135
(foto 5), M: FP 4

171

Schmid Heiri, 1936, A, Grafiker/Fotograf, Eggenwil

Bronzene Linse der Berufsfotografen für die Gesamtarbeit in Farbe
«Gesichter vom Zürcher Künstlermaskenball»
K: Canonflex, F: 35 (Bild 1), 100 (Bilder 2–5), 135 (Bild 6), M: H.S. Ektachrome Tungsten, 800 ASA (Bilder 1 und 5), 1200 ASA (Bilder 2–4), Ektachrome X (Bild 6)

Lentille de bronze, catégorie Professionnels, pour l'ensemble des travaux en couleur
«Visages du bal masqué des artistes», à Zurich
K: Canonflex, F: 35 (photo 1), 100 (photos 2 à 5), 135 (photo 6), M: H.S. Ektachrome Tungsten, 800 ASA (photos 1 et 5), 1200 ASA (photos 2 à 4), Ektachrome X (photo 6)

Lente di bronzo dei professionisti per l'insieme delle foto a colori
«Espressioni colte al ballo mascherato degli artisti, Zurigo»
K: Canonflex, F: 35 (foto 1), 100 (foto 2–5), 135 (foto 6), M: H.S. Ektachrome Tungsten, 800 ASA (foto 1 e 5), 1200 ASA (foto 2–4), Ektachrome X (foto 6)

Kaeppeli Klaus, 1948, B, Schul-
psychologe, Eggersriet

Bronzene Linse der Amateure für die
Gesamtarbeit in Farbe
«Nachtschießen bei − 25° C in Zuoz,
Graubünden»
K: Minolta, F: 50 (Bilder 1−3, 5 und
6), 200 (Bild 4), M: Kodachrome 64,
19 DIN. Alle Bilder mit Stativ bei
einer Außentemperatur von −25° C
aufgenommen

Lentille de bronze, catégorie Amateurs,
pour l'ensemble des travaux en couleur
«Tir de nuit par − 25° C», Zuoz,
Grisons
K: Minolta, F: 50 (photos 1 à 3, 5 et 6),
200 (photo 4), M: Kodachrome 64,
19 DIN
Toutes les photographies prises avec
trépied par une température de − 25° C

Lente di bronzo degli amatori per
l'insieme delle foto a colori
«Colpi di cannone nella notte a − 25° C,
Zuoz, Grigioni»
K: Minolta, F: 50 (foto 1−3, 5 e 6),
200 (foto 4), M: Kodachrome 64,
19 DIN. Tutte le foto riprese con
treppiedi a −25° C

173

Nickel Gernot, 1935, B, Angestellter,
Frankfurt a. M., BRD

Bronzene Linse der Amateure für die Bilder 4, 5 und 6 in Farbe «Basel rueßt (trommelt) und pfyfft (pfeift)», an der Basler Fasnacht 1975 K: Rollei SL 66, F: 80, M: Diafilm, Filter KR 1,5	Lentille de bronze, catégorie Amateurs, pour les photos 4, 5 et 6 en couleur «Tambours et fifres» au carnaval de Bâle de 1975 K: Rollei SL 66, F: 80, M: Diafilm, Filtre KR 1,5	Lente di bronzo degli amatori per le foto 4, 5 e 6 a colori «Tamburi e pifferi a Basilea», carnevale 1975 K: Rollei SL 66, F: 80, M: Diafilm, filtro KR 1,5

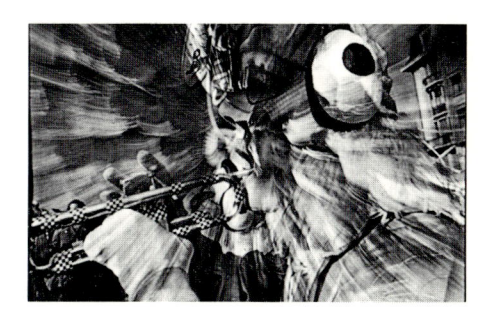

Odermatt Titus, 1940, B, Bohrer,
Biberist

| Bronzene Linse der Amateure für die Gesamtarbeit in Farbe «Weltberühmte Basler Fasnacht» K: Nikon F 2 S, F: 24 und 80–200 Zoom (Bilder 1 und 2), 55 und 80–200 Zoom (Bild 3), M: Kodachrome II, Sandwich | Lentille de bronze, catégorie Amateurs, pour l'ensemble des travaux en couleur «Le célèbre carnaval de Bâle» K: Nikon F 2 S, F: 24 et 80–200 Zoom (photos 1 et 2), 55 et 80–200 Zoom (photo 3), M: Kodachrome II, Sandwich | Lente di bronzo degli amatori per l'insieme delle foto a colori «Il famoso carnevale basilese» K: Nikon F 2 S, F: 24 e 80–200 Zoom (foto 1 e 2), 55 e 80–200 Zoom (foto 3), M: Kodachrome II, Sandwich |

Förderungspreise — Prix d'encouragement — Premi d'incoraggiamento

Folgenden Teilnehmern hat die Jury Förderungspreise zugesprochen:

Bingler Manfred, 1928, Fotograf, Herrliberg
Corradi Pio, 1940, Fotograf, Zürich
Giegel Philipp, 1927, Fotograf, Zürich
Schmid Otmar, 1945, Fotograf, Zürich
Bachmann Hansrudolf, 1935, Beamter, Bern
Felder Rudolf, 1951, stud. el.-tech. HTL, Muri
Zbinden Otto, 1932, Sanitär-Installateur, Solothurn

Le jury a décerné un prix d'encouragement à chacun des participants suivants:

Bingler Manfred, 1928, photographe, Herrliberg
Corradi Pio, 1940, photographe, Zurich
Giegel Philipp, 1927, photographe, Zurich
Schmid Otmar, 1945, photographe, Zurich
Bachmann Hansrudolf, 1935, fonctionnaire, Berne
Felder Rudolf, 1951, étudiant en électrotechnique ETS, Muri
Zbinden Otto, 1932, installateur, Soleure

La giuria ha deciso di assegnare a ciascuno dei seguenti partecipanti un premio d'incoraggiamento:

Bingler Manfred, 1928, fotografo, Herrliberg
Corradi Pio, 1940, fotografo, Zurigo
Giegel Philipp, 1927, fotografo, Zurigo
Schmid Otmar, 1945, fotografo, Zurigo
Bachmann Hansrudolf, 1935, impiegato, Berna
Felder Rudolf, 1951, stud. elettrotecnica STS, Muri
Zbinden Otto, 1932, installatore impianti sanitari, Soletta

Engere Wahl der Jury
Berufsfotografen

Mention du jury
Photographes professionnels

Segnalati dalla giuria
Fotografi professionisti

Abächerli Remo, 1934, CH, Fotograf, Sarnen
Aeby Noël, 1942, CH, Photographe, Fribourg
Alder Hansueli, 1945, CH, Filmkameramann, Zürich
Ammon Peter, 1924, CH, Fotograf, Luzern
Anderhub Georg, 1949, CH, Fotograf, Luzern
Baumann Heinz, 1935, CH, Pressefotograf, Zürich
Bassi Floriano, 1950, CA, Fotografo, Bellinzona
Bingler Manfred, 1928, D, Fotograf, Herrliberg
Blaser Christine, 1954, CH, Fotografin, Aarberg
Bramaz Hansruedi, 1948, CH, Fotograf, Adliswil
Brioschi Pino, 1946, I, Fotografo, Bellinzona
Burriel Oscar Horacio, 1933, ARG, Photographe, Buenos Aires, ARG
Corradi Pio, 1940, CH, Fotograf, Zürich
Dubuis Bernard, 1952, CH, Photographe, Sion
Ernst Jürg-Ulrich, 1950, CH, Fotograf, Bern
Foudraz Michel, 1941, F, Photographe, Genève
Gerber Christian, 1944, CH, Fotograf, Wisen
Giegel Philipp, 1927, CH, Fotograf, Zürich
Gmür Peter J., 1944, CH, lic. iur. Substitut, Zürich
Gohl Heinrich, 1926, CH, Fotograf, Basel
Gyr Walter, 1951, CH, Photographe, Plan-les-Ouates
Huebscher Gregory, 1952, CH, Fotograf, Zürich
Jacot Monique, 1934, CH, Epesses
Jaeggi Hugo, 1936, CH, Fotograf, Basel
Imber Walter, 1934, CH, Fotograf, Laufen
Imsand Marcel, 1929, CH, Reporter, Lausanne
Kappeler Friedrich, 1949, CH, Fotograf, Frauenfeld
Kern Rolf, 1953, CH, Fotograf, Seuzach
Kirchgraber Bruno, 1930, CH, Fotograf, Zürich
Knoepfli Ruedi, 1949, CH, Fotograf, Birsfelden
Kuhn Peter, 1950, CH, Fotograf, Effretikon
Kuhn Siegfried 1931, CH, Bildreporter, Lyß
Lang Candid, 1930, CH, Pressefotograf, Adliswil
Liechti Markus, 1947, CH, Fotograf, Liebefeld
Maeder Herbert, 1930, CH, Fotojournalist, Rehetobel
Mathys Max Eugen, 1933, CH, Fotograf, Muttenz
Matter Carlos, 1951, CH, Fotograf, Grüningen
Mehr Christian, 1953, CH, Student, Zürich
Monkewitz Nicolas, 1948, CH, Fotograf, Zürich
Mossdorf Beat, 1945, CH, Fotojournalist, Gümligen
Müller Germaine, 1955, CH, Photographe, Colombier
Oppliger Simone, 1947, CH, Photographe, Penthalaz
Perret Fernand, 1915, CH, Photographe, La Chaux-de-Fonds
Pfäffli Walter, 1952, CH, Fotograf, Burgdorf

Raota Pedro Luis, 1934, ARG, Fotojournalist, Buenos Aires, ARG
Ringger Art, 1946, CH, Fotograf, Zürich
Roy Philippe, 1952, F, Photographe, Saint-André-de-Cubzac, F
Ruegger Alexej, 1936, CH, Fotograf, Wangen-Brüttisellen
Sonderegger Christof, 1953, CH, Fotograf, Zürich
Sperber Joachim, 1950, D, Fotostudent, Essen, BRD
Spiller Willy, 1947, CH, Fotograf, Zürich
Schmid Heiri, 1936, CH, Grafiker, Eggenwil
Schmid Otmar, 1945, CH, Fotograf, Zürich
Schuler Fides, 1949, CH, Fotografin, Neunkirch
Stalder Theo, 1955, CH, Fotograf, Kloten
Strebel Lukas, 1951, CH, Fotograf, Mägenwil
Studer Alfred, 1920, CH, Fotograf, Thun
Studer Walter, 1918, CH, Fotograf, Bern
Vögtlin Ruth, 1945, CH, Fotografin, Zürich
Vogelsanger Heiner, 1952, CH, Fotograf, Basel
Weber René, 1947, CH, Kameramann, Windisch
Wolfensberger Andreas, 1942, CH, Fotograf, Winterthur
Wyss Kurt, 1936, CH, Fotograf, Basel
Zanetta Aloisio, 1945, CH, Fotograf, Vacallo

Engere Wahl der Jury   Mention du jury   Segnalati dalla giuria
Amateure   Amateurs   Amatori

Abächerli Peter, 1945, CH, El.-Ing. HTL, Nußbaumen
Althaus Otto, 1944, CH, Lokomotivführer, Erstfeld
Bachmann Hansrudolf, 1935, CH, Beamter, Bern
Bailly Robert, 1937, F, Ingénieur, Aubergenville, F
Baldegger Willi, 1946, CH, Apotheker, Tann-Rüti
Baron Bernard, 1921, F, Ingénieur, Chaville, F
Benitez Manuel, 1916, E, Tailleur, Barcelona, E
Bernhard Paul, 1944, CH, Ersatzteillagerchef, Grenchen
Besson Michel, 1932, CH, Chef de Publicité, Le Lignon
Billam Peter John, 1948, GB, Ingenieur, Biel
Bossart Guido, 1939, CH, Dipl. Naturwiss. ETH, Zürich
Bottländer Tobias, 1957, D, Schüler, Odenthal, BRD
Breinlinger Karl, 1921, CH, prakt. Arzt, Derendingen
Brühwiler Josef, 1912, CH, Beamter FWK, Interlaken
Buresch Josef, 1904, A, Pens., Wien, A
Burkhard Oscar, 1915, CH, Schlosser, Zürich
Butz Uli G., 1943, D, Verkaufsleiter, Lustmühle
Charmillot Noël, 1928, CH, Ingénieur, Versoix
Deplazes Fidel, 1930, CH, Fromager, Marsens
Dougoud Roland, 1939, CH, Dessinateur, Treyvaux
Eicher Walter, 1921, CH, Lehrer, Belp
Elsnic Milan, 1943, CSSR, Mechaniker, Zürich
Engel-Saag Susan, 1949, USA, Grafikerin, Aegerten
Epstein Eugene V., 1927, CH, Journalist, Feldmeilen
Erben Franz, 1931, D, Postbeamter, Augsburg, BRD
Faure Nicolas, 1949, CH, Bijoutier, Choulex-Genève
Favre Pierre, 1949, CH, Cuisinier, Chamoson
Felder Rudolf, 1951, CH, stud. el.-tech. HTL, Muri-Bern
Föhr Ekkehard, 1948, CH, Lehrer, Muri-Bern
Franz Otto, 1946, CH, Werkzeugmacher, Grenchen
Gainon Denis, 1938, CH, Physicien, Neuchâtel
Gasser Peter, 1947, CH, Taxichauffeur, Opfikon
Geisser Anton, 1948, CH, Laborant, Basel
Grossenbacher Marco, 1949, CH, Kartograf, Bern
Guignard François, 1941, CH, Instituteur, Prilly
Hauck Amand, 1930, D, Maurer, Duisburg, BRD
Heiniger Willy, 1912, CH, Schriftenmaler, Zürich
Hübscher Beat, 1952, CH, Verkäufer, Zürich
Iseli Hans, 1941, CH, El.-Ing. HTL, Boll
Jaccard Jean-Pierre, 1956, CH, Compositeur Typographe, L'Auberson
Jalonetsky Sergio, 1949, BR, Médecin, Lausanne
Jenka Boris, 1954, CS, Student, Winterthur
Jenzer Urs, 1939, CH, Schriftsetzer, Burgdorf
Kaeppeli Klaus, 1948, CH, Schulpsychologe, Eggersriet
Kästli Peter, 1944, CH, Analytiker, Bern

Kasper Karl, 1913, CH, Techn. Zeichner, Baden
Köhli Peter, 1929, CH, Propaganda-Chef, Bern
Kölliker Willi, 1919, CH, Lokomotivführer, Rapperswil
Libsig Paul, 1942, CH, kaufm. Angest., Reinach
Luck Karl Heinz, 1934, D, Polizeibeamter, Rohrbach-Saar, BRD
Mainardi Claudio, I, Studente, Marghera-Venezia, I
Mennella Roberto, I, Studente, Mestre, I
Modderman Hugo, 1951, NL, Economiste, Dubai, Emirats Arabes Unis
Nickel Gernot, 1935, D, Angestellter, Frankfurt a. M., BRD
Nigg Walter, 1940, CH, Gemeindesekr., Baar
Odermatt Titus, 1940, CH, Bohrer, Biberist
Paoluzzo Marco, 1949, CH, Mécanicien, Bienne
Perotin Jacques, 1938, F, Dessinateur d'études, Pantin, F
Pontiggia Franco, 1938, I, Ing. meccanico, Varese, I
Reiner Martina, 1961, D, Schülerin, Arzberg BRD
Rohr Marcel, 1935, CH, Zeichner, Zürich
Rohrbach Stefan, 1949, CH, Student, Biel
Rothe Konrad, 1935, D, Dipl. Innenarchitekt, Zürich
Sigl Franz, 1934, A, Schlosser, Ybbs, A
Smith Peter, 1958, CH, Lehrling, Horw
Scherrer Robert, 1952, CH, Verkäufer, St. Gallen
Schill Karl, 1927, CH, Laborant, Binningen
Schlee Alfonso, 1925, CH, Bar Pasticceria, Bellinzona
Schmied Erich, 1953, CH, Tiefbauzeichner, Horw
Schoellhorn Andreas, 1954, CH, Student, Winterthur
Schöni Hans-Ruedi, 1926, CH, Mechaniker, Konolfingen
Stähli Heinz, 1952, CH, Kunstmaler, Schwanden
Staub Robert, 1932, CH, Kantonsschullehrer, Adetswil
Steiner Léan, 1946, CH, Grafiker, St. Gallen
Strahm Käthi, 1944, CH, Hausfrau, Allschwil
Tiefenbacher Peter, 1930, CH, Innenarchitekt, Schönenberg
Van Gelderen Abraham, 1928, NL, Architekt, Apeldoorn, NL
Verrijcke Eduard, 1922, B, Angestellter, Antwerpen, B
Vorlet Jean-Pierre, 1940, CH, Préposé aux immigrés, Lausanne
Wilden Rosmarie, 1935, D, Hausfrau, Frankfurt, BRD
Wolff Karl, 1921, CH, Techn. Angest., Zürich
Wüthrich Camille, 1925, CH, Elektro-Mech., Zürich
Zbinden Otto, 1932, CH, Sanitär-Installateur, Solothurn

Technische Angaben   Données techniques   Dati tecnici

Umschlag: Scherrer Robert, «Festtag in Appenzell», K: Nikon F 2, F: 105 mm, M: Kodachrome 505
6/7 Kappelmeier Gottfried, «1.-August-Feier», K: Leica, F: 200 mm, M: Kodachrome 25
13 Kasper Karl, «Glärnischgletscher», K: Rolleiflex, F: 75 mm, M: Kodak Ektachrome X
14 Liechti Markus, «Rauflihorn», K: Olympus OM, F: 50 mm, M: Agfapan 100
15 Kyvala Josef, «Bergsteiger», K: EXA Ia, F: 50 mm, M: ORWO NP 15, ORWO A/49
16 Gugolz Felix, «Launen der Natur», K: Rollei 4x4, F: 60 mm, M: Kodak EX 127
17 Tuurenhout Matthijs, «Urnerboden», K: Minolta XE-7, F: 21 mm, M: Tri-X
18 Tuurenhout Matthijs, «Schächental», K: Minolta SRT 303, F: 200 mm, M: Tri-X, Vivitar Zoom
19 Tuurenhout Matthijs, «Bei Sarnen», K: Minolta SRT 303, F: 300 mm, M: Tri-X, Rokkor 300 mm
20 Imsand Marcel, «Bauer in der Appenzeller Landschaft», K: Nikon, F: 105 mm, M: Tri-X
21 Imsand Marcel, «Alphirt», K: Nikon, F: 105 mm, M: Ilford
22 Maeder Herbert, «Rehetobel», K: Leica M 5, F: 21 mm, M: Tri-X
23 Henry Pierre W., «Parsonz, Salouf», K: Pentax
24 Matter Carlos, «Winter-Obstgarten bei Herschmettlen», K: Pentax, F: 50 mm, M: Tri-X
25 Hoerr Hans, «Bei Habkern BE», K: Asahi Pentax, F: 50 mm, M: Ilford HP 4, Tele 11/135 mm
26 Wilden Rosmarie, «Caslano TI Herbst», K: Leica, F: 135 mm, M: Kodak II
27 Besson Michel, «Spätherbst im Greyerzerland», K: Canon, M: Kodakchrom
28 Vorlet Jean-Pierre, «Bossière», K: Leica, F: 35 mm, M: Ilford
29 Schuler Fides, «Innerthal», K: Leica, F: 35 mm, M: Tri-X
30 Studer Walter, «Landschaft bei Möschberg i. E., Jahreszeiten», K: Hasselblad, F: 150 mm, M: Ektachrome
31 van den Berg Kees, «Gams», K: Leicaflex, F: 28 mm, M: Tri-X
32 Breinlinger Karl, «Grindelwald», K: Nikon F 2, F: 200 mm, M: K 25 Dia, Chromo Filter
32 Baumann Karl, «Belchenfluh», K: Ricoh 500 G, F: 40 mm, M: Kodak KR 135, Blende 8, 1/125
32 Roduner Peter, «Savognin», K: Konica, M: Kodak 24 mm
33 Modderman Hugo, «Visperterminen», K: Hasselblad, F: 80 mm, M: Kodak Ektachrome
34 Wischenbart Ruediger, «Schafherde», K: Nikon F, F: 105 mm, M: Tri-X PAN
35 Schill Karl, «Wanderschäferei bei Niederbipp», K: Z-Bronica Nikkor-T 5,0, F: 500 mm, M: Agfapan 400 Prof., 16 und 11, 1/125
36 Zbären Ernst, «Fluhsee», K: Pentax, F: 55 mm, M: CT 18, Polarisationsfilter
37 Weber René, «Alpkäser im Justistal», K: Rollei, F: 75 mm, M: EX
38 Zbinden Otto, «Herstellung des Schabziegers auf Alp Brüggler», K: Leica M 2/Flash Braun Vario, F: 35 mm, M: Ilford FP 4, 22 DIN
39 Sahli Hans, «Bauernpaar im Lötschental», K: Pentax, F: 105 mm, M: Tri-X
40 Deplazes Fidel, «Herstellung des Greyerzerkäses», K: Minolta SRT 101, F: 230 mm, M: Agfachrom 505
41 Gohl Heinrich, «Chästeilet im Justistal», K: Pentax, Photo 1: F: 200 mm, Photo 2: F: 200 mm, Photo 3: F: 200 mm, Photo 4: F: 20 mm, Photo 5: F: 85 mm, M: Kodachrome 64
42/43 Kuhn Siegfried, «Viehmarkt», K: Nikon, F: 105/200 mm, M: Tri-X
44 Oppliger Simone, «Alp im Pays d'Enhaut», K: Pentax, F: 35 mm, M: Tri-X
45 Bottländer Tobias, «Bauernpaar bei Allmendingen BE», K: Canon FT 6 QL, F: 28 mm, M: Kodak Tri-/Pan
46/47 Felder Rudolf, «Emmentaler Haus zu verschiedenen Zeiten», K: Minolta SRT 101, Photo 1: F: 56 mm, M: Ilford FP 4, Photo 2: F: 28 mm, M: Ilford FP 4, Photo 3: F: 8 mm, M: Ilford FP 4, Photo 4: F: 56 mm, M: Ilford FP 4, Photo 5: F: 16 mm, M: Ilford HP 4
48 Burkhard Oscar, «Landwirtschaftszone der schweiz. Voralpen», K: Pentax, Photo 1: F: 8 mm, M: Kodachrom, Zoom 70–210 mm, Photo 2: F: 56 mm, M: Kodachrome, Zoom 70–210 mm, Photo 3: F: 56 mm, M: Ilford FP 4, Zoom 70–210 mm, Photo 4: F: 54 mm, M: Agfa CT 18, Zoom 70–210 mm, Photo 5: F: 8 mm, M: Agfa CT 18, Zoom 70–210 mm, Photo 6: M: Agfa CT 18, Vivitar I Macro-Zoom 70–210 mm
49 Faure Nicolas, «Autowrack bei Peney GE», K: Nikon, F: 50 mm, M: Kodachrome II
50 Bailly Robert, «Maison à Davos», K: Rollei, M: Kodak Tri-X
51 Grossenbacher Marco, «Fahnenschwinger in Toffen BE», K: Hasselblad, F: 80 mm, M: Vericolor S. 11, 1/60
52 Perotin Jacques, «Wohnhaus in Kippel VS», K: Leica M 2, F: 80 mm
53 Fehlmann Max, «Stadel bei Blatten VS», K: Hasselblad, F: 80 mm, M: Ilford FP 4
54 Schmid Otmar, Photo 1: «Rheinfall», K: Konica, F: 21 mm, M: Ektachrome High Speed, 22, 1/8, Photo 2: «Zermatt», K: Nikon F 2, F: 24 mm, M: Ektachrome High Speed, 22, 1/15, Photo 3: «Chillon», K: Nikon F 2, F: 24 mm, M: Ektachrome High Speed, 22, 1/8, Photo 4: «Schwägalp», K: Konica, F: 21 mm, M: Ektachrome High Speed, 22, 1/15
55 Parish Desmond, «Alpenflora», K: Exacta, M: Kodachrome 11
56 Fornallaz Claude, «Schlafzimmer in Zürich», K: Konica Autorefl. T, F: 28 mm, M: Tri-X
57 Stalder Theo, «Wohnsiedlung bei Greifensee ZH», K: Nikon, F: 24 mm, M: Tri-X
57 Seewald Rudolf, «Trogen AR», K: Leica, F: 50 mm, M: FP 4
58/59 Kappeler Friedrich, «Buffet», K: Rollei 6x6, F: 80 mm, M: Tri-X
60 Bezzola Leonardo, «Abbruch», K: Rollei, F: 80 mm, M: PX
60 Zürcher Adeline, «Blick aus dem Auto bei Cham ZG», K: Pavette, F: 50 mm, M: FP 4
61 Stuecker Josef, «Plakatwand vor Baugrube in Zürich», K: Leica M 2, F: 50 mm, M: Tri-X
62 Baumann Heinz, «Von Wohnblöcken verdrängtes Bauerndorf», K: Pentax, F: 200 mm, M: Tri-X
63 Baumann Heinz, «Kirche von Regensdorf», K: Pentax, F: 135 mm, M: Tri-X
64 Monkewitz Nicolas, «Haus im Münstertal», K: Nikon F, F: 200 mm, M: CAF 500 A St
65 Wolf Gery, «Stall im Wallis», K: Nikon, F: 180 mm, M: Kodak, 5,6, 1/250
69 Jacot Monique, «Hans Jungen in Turbach», K: Pentax Asahi, F: 35 mm, M: Tri-X
69 Steinbichler Hans, «Beim Mähen in Frutigen», K: Hasselblad, F: 250 mm, M: PXP Kodak
70/71 Jalonetsky Sergio, «Brunnen in Gruyère», K: Nikon, F: 56 mm, M: Ektachrome, Tele 200 mm
72 Stehli Iren, «Geschäftsmann in Zürich», K: AS-Pentax, F: 50 mm, M: Ilford FP 4
73 Stehli Iren, «Hotelangestellter in Zürich», K: AS-Pentax, F: 50 mm, M: Ilford FP 4
74 Corradi Pio, «Schrebergärtner», K: Nikon F, F: 35 und 55 mm, M: Ilford PAN-F
75 Corradi Pio, «Schrebergärtner», K: Nikon F, F: 135 mm, M: Ilford PAN-F
76 Vögtlin Ruth, «Arbeitstag einer Hausfrau», K: Nikon, F: 35 mm, M: Tri-X, 2 x 1000-W-Lampen
77 Bühler Joseph, «Einheimischer mit Oldtimer-Autofahrern», K: Hasselblad 500 C, F: 250 mm, M: Tri-X, 11, 1/250
78 Raota Pedro Luis, «Bäuerin in Bioggio TI», K: Hasselblad 500 el/Motor, F: 80 mm, M: Kodak Ver., Orange-Filter
79 Raota Pedro Luis, «Bauer bei Appenzell», K: Hasselblad 500 el/Motor, F: 150 mm, M: Kodak Ver., Farb-Filter
80 Engel-Saag Susan Baron, «Drei Freunde auf der Alp», K: Pentax, F: 56 mm, M: Tri-X
81 Engel-Saag Susan Baron, «Jungbauer», K: Pentax, F: 80 mm, M: Tri-X
82 Butz Uli, «Sennenkind», K: Nikon F 2, F: 135 mm, M: Kodachrome
83 Heiniger Willy, «Gesicht eines Stimmbürgers in Appenzell», K: Pentax, F: 500 mm, M: Kodachrome, Zoomar Sort-Reflector 500 mm
84 Quarella Doris, «Schweizertypen», K: Sinar 4/5, F: 150 mm, M: Tri-X
85 Gerber Christian, «Paul Kunz von Wisen SO», K: Mamiya RB 67, F: 90 mm, M: Tri-X Prof.
86 Jaeggi Hugo, «Heimweg von der Arbeit», K: Rolleiflex, F: 75 mm, M: Ilford FP 3
87 Jaeggi Hugo, «Zubereitung eines kargen Mahls», K: Rolleiflex, F: 75 mm, M: Ilford FP 3
88 Seiler Paul, «Wildhaus», K: Konica 260 EE-Matic, M: Agfa Safety
89 Schirinzi Marco, «Eingehüllt», K: Praktika, F: 50 mm, M: Ilford HP 4
90 Glättli Gerold, «Frank Martin», K: Leica M 3, F: 250 mm, M: Tri-X, Microd, X 1 : 3, 24 Grad
91 Ledergerber Thomas, «Vernissage in Olten», K: Pentax SP, F: 21 mm, M: Tri-X
91 Luczy Alexander, «Zuschauer an der Basler Fasnacht», K: Bronica 6x6, F: 200 mm, M: Tri-X, 5,6, 1/125–1/250
92 Wanzenried Alfred, «Lokomotive der SBB in Bern», K: Praktika, F: 35 mm, M: Tri-X
93 Billam Peter John, «Saubere Treppe», K: Pentax Spotmatic F, F: 55 mm, M: Agfacolor 505

93 Reist Dölf, «Saisonschluß Interlaken BE», K: Leica, F: 280 mm, M: Kodachrome II
94 Wachter Juanita, «Hirtenbub am St. Gotthard», K: Rolleiflex, F: 125 mm, M: Kodak
95 Spiller Willy, «Börse der Münzensammler Zürich», K: Leica, F: 35 mm, M: Tri-X
96 Wolfensberger Andreas, «Bergbauernfamilie», K: Leica, F: 50 mm, M: FP 4
97 Morskoi Andreas, «Bergbauer im Tessin», K: Nikon F, F: 50 mm, M: FP 4 125 ASA
98 Raota Pedro Luis, «Ehepaar bei Lugano», K: Hasselblad, F: 80 mm, M: Agfa 21°
99 Grossenbacher Marco, «In der Stammbeiz», K: Hasselblad, F: 80 mm, M: Vericolor S, 5,6, 1/30
100 Nigg Walter, «S isch cheibe schön» – Schwingfest, K: Minolta, F: 14 mm, M: Ilford
101 Parel Francis, «Im Stadion von Frontenex GE», K: Nikon F, F: 135 mm
102 Altermatt Christophe, «Jeder für sich allein bis ins hohe Alter», K: Canon Fdb, F: 10 mm, M: Ilford FP 4
102 Jucker Rolf, «Abzeichenverkauf», K: Pentax, F: 60 mm, M: Kodak Panchromatic 22 D
103 Vagge Giuseppe, «In einem Café in Lugano», K: Leica, F: 50 mm, M: Tri-X
108 Charmillot Noel, «Am Bahnhof in Blonay VD», K: Hasselblad, F: 50 mm, M: Tri-X
109 Bramaz Hansruedi, «Bergbauern im Mittelwallis», K: Pentax, F: 400 mm, M: Tri-X
110 Siler Karel, «Begegnung mit dem Störmetzger», K: Baldessa R/LK, F: 45 mm, M: Fomapan N 21
111 Vogelsanger Heiner, «Mittagsmahl Alp Heinzenberg», K: Canon, F: 28 mm, M: Tri-X, 1600 ASA, Emofin
112 Jaeggi Hugo, «Heuet bei Münster», K: Rolleiflex, F: 75 mm, M: Ilford FP 3
113 van den Berg Kees, «Bäuerin beim Heuen – Sigriswil», K: Leica Flex SL, F: 400 mm, M: Kodak Plus-X
114 Ammon Peter, «Gebet vor der Kartoffelernte», K: Graflex 4,5 in., F: 90 mm, M: Ektachrome, 8, 1/60
115 Stacho Lubomir, «Kartoffelernte», K: Pentagon SIX, M: Orwo
116 Grossenbacher Marco, «Gastarbeiter vor der Abfahrt», K: Hasselblad, F: 80 mm, M: Vericolor
117 Knoepfli Ruedi, «Gedanken eines Fremdarbeiters», K: Bronica, F: 75 und 135 mm, M: FP 4
118 Föhr Ekkehard, «Trachtenmädchen in Zäziwil», K: Canon TLb, F: 135 mm, M: Kodachrome II
119 Hasler Gottlieb, «Pferdemarkt in Saignelégier», K: Leica M 3, F: 35 mm, M: Ilford PAN-F
120 Guignard François, «Herrgottsgrenadiere», K: Ricoh, F: 11, M: OBJ
121 Steiner Léan, «Maskierung eines Silvester-Klausen», K: Nikon F, M: Agfa CT 18
122/123 Bingler Manfred, «Maskierte Kläuse in Urnäsch», K: Hasselblad, F: 38 mm, M: Tri-X
124 Fitzi Hansjürg, «Alpaufzug», K: Nikkormat, F: 43–86, M: Ektachrome
125 Flückiger Ulrich, «An der Landsgemeinde», K: Pentax Spotm., F: 55 mm, M: Ilford FP 4, Agfa-Brovira
126 Erben Franz, «Schweizer Sportler am Sechstagerennen in München», K: Edixa-Reflex, F: 50 mm, M: Kodachrome II
127 Erben Franz, «Beim Wildwasserfahren in Augsburg», K: Asahi ES Pentax, F: 500 mm, M: Agfa 50 S
128 Mülhauser Jean, «Kind in der ‚Schlafstadt' Schönberg», K: Hasselblad, F: 40 mm, M: HP 4
129 Zdcnck Radvan, «Kind im Gebirge», K: Exakta VX 1000, F: 50 mm, M: ORWO NP 27
130/131 Giegel Philipp, «Morgartenschießen», K: Hasselblad, F: 150 mm, M: Kodak EH 120
132 Wüthrich Camille, «Am Ziel des Militärradrennens», K: Pentax, F: 105 mm, M: Ilford FP 4
133 Kölliker Willi, «Inspektion», K: Pentax, F: 55 mm, M: Ilford FP
134 Eicher Walter, «Größtes Schützenfest der Welt», K: Konica, F: 200 mm und 80 mm, M: Kodachrome II
135 Siegenthaler Susanna, «Bruderschaftstrinket an einer Hochzeitsfeier», K: Nikorma EL, F: 85 mm, M: Kodachrome II
136 Hauri Albert, «An einer Tramhaltestelle in Zürich», K: Canon Fl, F: 100 mm, M: FP 4
137 Wüthrich Camille, «Am Militärradrennen», K: Pentax, F: 105 mm, M: Ilford FP 4, 4, 1/30

138 Strahm Käthi, «Waffenläufer bei Frauenfeld», K: Contaflex BC, F: 50 mm, M: Agfachrome 50 S
139 Schoellhorn Andreas, «Mech. Truppen im Sensegraben», K: Rollei 35, F: 40 mm, M: Kodachrome X
140 Lugrin Jean, «Große Manöver in Château-d'Oex VD», K: Leica M 4, M: Tri-X
140 Willi Walter, «Inspektion im Schulhaus Steffisburg», K: Alpa, F: 50 mm, M: Agfapan 100, Rodimal
141 Ledergerber Thomas, «Entlassung aus der Wehrpflicht», K: Pentax SP, F: 24 mm, M: Tri-X
142 Kirchgraber Bruno, «Hierarchie», K: Leica M 2, F: 90 mm, M: Ilford FP 3
143 Kirchgraber Bruno, «Nach neun Flaschen» und «Mein Pritschennachbar», K: Leica M 2, F: 35 mm, M: Agfa IR
144/145 Kaeppeli Klaus, «Nachtschießen der Armee bei –25° in Zuoz», K: Minolta, F: 50 mm, M: Kodachrome 64
146 Spiller Willy, «Hundeschau – Zürich», K: Leica, F: 35 mm, M: Tri-X
147 Brühwiler Josef, «Schwingfest in Allweg NW», K: Hasselblad, F: 80 mm, M: Ektachrome, 9, 1/100
148 Lisbig Paul, «Schwingfest in Reinach BL», K: Minolta SRT 101, F: 75–210, M: Ilford HP 4
149 Nigg Walter, «Am Abend beim Zuger Schwingfest», K: Minolta, F: 14 mm, M: Ilford
150 Jenzer Urs, «Schwingen im Kanton Bern», K: Nikkormat EL, F: 80–200, M: Tri-X
151 Jenzer Urs, «Schwingen im Kanton Bern», K: Nikkormat EL, F: 80–200, M: Tri-X Pan
152/153 Bachmann Hansrudolf, «Hornussen», K: Minolta SRT 101, F: 35 und 135 mm, M: Tri-X
154 Wolff Karl, «Zürcher Sechseläuten», K: Nikkormat EL, F: 135 mm, M: Kodak vericolor 11
155 Anderhub Georg, «Altersweihnacht in Luzern», K: Pentax, F: 85 mm, M: Kodak Tri-X, Ilfoprint
155 Hauri Albert, «Jaßmeisterschaften in Zürich», K: Canon Fl, F: 100 mm, M: Kodak Recording, 5,6, 1/25
156/157 Schmid Heiri, «Gesichter vom Zürcher Künstlermaskenball», K: Canonflex, F: 100 mm, M: Ektachrome Tungsten ASA 800 und 1200
158 Anderhub Georg, «Pause der Musiker in Ennetbürgen NW», K: Pentax SP, F: 50 mm, M: Tri-X, Ilfoprint
158 Anderhub Georg, «Ehrendamen», K: Pentax, F: 50 mm, M: Tri-X, Ilfoprint
159 Debeljkovic Branibor, «Mittagspause am Schwingertag in Bülach ZH», K: Exacta, F: 35 mm, M: Tri-X
160 Odermatt Titus, «Basler Fasnacht», K: Nikon F 2, F: 24 mm, M: Kodachrome II, Sandwich
161 Nickel Gernot, «Trommelsolo», K: Rollei S L 66, F: 80 mm, M: Diafilm, Filter KR 1,5